關於金錢、工作和幸福人生的實用建議

人生最後一堂理財課

TAKING STOCK

A Hospice Doctor's Advice on
Financial Independence, Building Wealth, and Living a Regret-Free Life

Jordan Grumet

喬丹・格魯米特 ——— 著　萬靈芝 ——— 譯

致哈里特、艾倫和吉羅德
不是每個人都能幸運地擁有三位偉大的父母

序言

喬丹‧格魯米特發現了「財務自由，提早退休」（FIRE）的秘密鑰匙。這個秘密鑰匙與金錢無關，與退休無關，與不用工作無關。雖然一定與時間有關，但這不是時間早晚的問題。

2019年夏天我與喬丹結識，當時他邀請我參加他的「賺錢與投資」Podcast。我勉強答應了。雖然我喜歡與「財務自由，提早退休」有關的Podcast和部落格，但我對他們熱衷透過投資積累財富這個話題幾乎沒有什麼可說的。我對環境和社會價值觀有很多話要說，這似乎與他們的主題無關。但喬丹不同，他的Podcast會談論公平和特權。

當他問我能否為他的書作序時，我欣然答應了。

喬丹的書講述了一個有勇氣的人掙脫主流「謀生」思維，選擇成為臨終關懷醫生，與患者一起感悟生與死。

在書中他應用並教授了「財務自由，提早退休」運動的方法，但這不僅是一本關於如何實現財務自由和提早退休的書。

財務

當談到財務抉擇時，喬丹認為，用金錢滿足我們對愛、目標、個人成長、內省和事業等方面的需求是一種糟糕的方式。事實證明，滿足這些非物質需求決定了我們的生活能變得多麼深刻和令人滿意。雖然喬丹的醫生職業讓他在財務上「成功」，但他一直是一個「貧窮」的人，直到他關閉了自己的診所，專注於工作中最有意義的部分：在臨終患者生命最後的日子，為他們提供療養服務。他明智地管理自己的錢，並分享自己如何把錢用於實現自我價值和獲得真正的幸福。

自由

「甩開沒有前途的工作」，獲得自由的夢想，是非常有吸引力的。這就是大多數人想要實現「財務自由，提早退休」的原因。然而，離開一份折磨你的工作並不能讓你自由。它只是給你閒置時間，更重要的是你必須弄清楚如何充實這些時間。在時間這塊空畫布上下筆前，你需要問自己：什麼才是真正值得我付出時間和精力的？作為臨終關懷醫生的喬丹為那些時日不多的人服務時，每天都會考慮這些問題：我該如何生活？我該把我的財富保管在哪裡？當我躺在病床上，掙扎著呼吸時，什麼會讓我覺得我的一生過得很好？這些問題與遺願清單、瑜伽課程或目的地無

關。相反地,這些問題與內省、謙卑和關心他人有關。

退休

退休是工業化的產物。我們已經成為一臺機器上的齒輪,當一天結束時,壞的「齒輪」比好的多。喬·多明格斯(Joe Dominguez)和我一起合著了《要錢還是要生活》(*Your Money or Your Life*)。

他曾經說過:「人們不是為了謀生。如果他們是,他們在一天結束時會更有活力。但他們沒有活力,他們正在奄奄一息。」我們的書以及「財務自由,提早退休」的踐行者們,展示了一種紀律,忠誠地遵循這種紀律,可以擺脫這種磨難。

佛教經濟學認為工作有三個目的:

- 滿足你的物質需求。
- 培養品格。
- 為社會做出貢獻。

我們是社會性動物,而不僅僅是自我完善的個體。我們希望有所貢獻。我們的工作可能會從賺錢轉變為公益行動、志願服務、藝術創作、發明、新職業或幫助他人,但我們仍然在工作,工作使我們變得完整。退休生活會讓人聯想到悠閒的生活:打打

高爾夫球,開著房車旅遊,或者照顧孫子孫女。所有這些活動都很有趣,但要適度,不能過度沉迷。我們希望自己做不僅對我們自己,而且對他人也有益的事情。

諾貝爾經濟學獎獲得者阿馬蒂亞・森(Amartya Sen)說:「貧窮不僅是缺錢,而且沒有能力實現一個人作為人的全部潛力。」

自由不是為所欲為的權利,而是做你所珍視的事業。

喬丹在財務自由時的生活並沒有真正的快樂,於是他將他的生命能量重新投入點亮他心靈和靈魂的事情上。

對我來說,這種重新投入是在我實現財務自由幾年後,那時我瞭解到「超載和崩潰」的生態原則:任何擁有充足食物來源且沒有捕食者的物種都會由於數量增加而沒有足夠的食物來支持該物種的規模,最終走向滅絕。大概50年前,我就清楚地看到人類正走向這樣的崩潰,因此我很榮幸能夠利用我的自由權利,透過創作、組織活動、志願工作、演講來影響他人,盡我所能使人類發展得更好。每分鐘都是挑戰、發展和成長,讓我的人生變得完整。沒有一分鐘是為了賺錢,因為我從謹慎投資中獲得的收入足以支撐我的生活。

提早

來談一談「提早」。人生不是一場通往終點線的比賽。它不

是比賽,沒有金牌。將你的生命能量引導到你最珍視的、能給你帶來最深切的快樂的事情上就是勝利。我認為,要求「提早」是美國白日夢、高科技、求勝、競爭和卓越文化的產物。美國是一個移民國家,移民者為了逃離等級制度、饑荒、大屠殺和戰爭而背井離鄉。美國也是一些人的自由建立在剝奪他人自由基礎上的國家。自由是行動的自由,但我們不能擺脫我們的行為帶來的好的或壞的結果。我看著喬丹從他過去不喜歡的生活中逐漸成熟起來,他已經意識到「沒有人是一座與世隔絕的孤島」。

在一些追求「財務自由,提早退休」的人看來,喬丹為了獲得人生意義而提早退休,犧牲收入為臨終患者服務的決定是毫無意義的。他們認為:喬丹應該抓緊時間盡可能地賺錢,把尋找人生意義留給退休後的生活,然後他就能獲得他想要的人生意義。

不過,喬丹的決定以及其他提早退休人士的轉變,引發了關於「財務自由,提早退休」與公平、對資本主義的不滿、特權、憐憫、慷慨和共同利益之間關係的討論。

「財務自由,提早退休」的定義不斷發展。目前有「富足財務自由,提早退休」(被動收入等於你收入最高的一年)、「簡約財務自由,提早退休」(被動收入等於你節儉生活所需的支出)、「副業式財務自由,提早退休」(退休時有被動收入和兼職工作收入)和「平穩滑行財務自由,提早退休」(放慢速度,適度工作,適當賺錢,透過投資讓錢自己增長到足以支撐退休)。

也許讀完這本書後,你對「財務自由,提早退休」的定義會轉化為「財務正直」「榮譽退休」,或者「以同理心回應」「實現

啟蒙」「拯救地球」「恢復公平」「永遠反思」。

喬丹對工作進行篩選後，人生目標唾手可得。

>   薇琪・魯賓（Vicki Robin），《跟錢好好相處》的作者之一
>   2021年10月

* * *

我在這本書中分享的故事均來源於我接觸的臨終患者的經歷。為了保護患者的隱私，我更改了一些身分資訊，並打亂了故事情節。

>   喬丹・格魯米特

目錄

序言 / 005

第一部分
對金錢、工作與財務自由的誤解

引言 / 019

第1章　金錢就像氧氣 / 035

兩個臨終患者的故事　/ 035

錢足夠時仍不夠　/ 038

「馬斯洛金字塔」可能帶來對幸福的誤解　/ 042

「享樂跑步機」與「超速運轉」　/ 045

更多的錢帶來了更多的幸福嗎　/ 047

透過人生復盤重新定義自己　/ 052

人生的「攀登」不是一場比賽　/ 055

練習1：在為時已晚之前重新定義人生　/ 057

第2章　工作不因退休而停止　/ 059

重新定義工作　/ 061

金錢是仲介　/ 064

財務自由，但不必提早退休　/ 065

慢速財務自由　/ 066

平穩滑行財務自由　/ 067

金錢是幻景　/ 069

專注金錢正在遏制我們的成長　/ 070

關鍵人生要素之目標　/ 073

關鍵人生要素之身分　/ 076

關鍵人生要素之社會連結　/ 077

當心「再過一年綜合症」和「金色手銬」/ 080

練習2：尋找你的身分、目標和社會連結　/ 083

第3章　「做減法」的藝術　/ 085

當下的緊迫性　/ 086

「人只活一次」是不可能的　/ 088

機會成本謬論　/ 089

臨終患者的遺憾　/ 091

我本可以活得快活點　/ 093

財務自由是一個槓桿 / 097

如何決定減去什麼 / 100

做減法和無預算 / 102

永遠不要輕視工作 / 105

練習3：為你的人生做減法 / 107

第二部分
財務自由之路不止一條

第4章　三兄弟的寓言 / 111

內部動機與外部動機 / 112

選擇1：傳統路徑——前期吃重式犧牲 / 117

選擇2：被動收入和副業 / 126

選擇3：熱情人生 / 132

我選擇了前期吃重式犧牲 / 137

你不必在金錢和熱情之間做出選擇 / 140

練習4：尋找適合你的財務自由之路 / 142

第5章　梳理你的財務狀況　/ 145

你更害怕什麼　/ 147

瞭解你的淨資產狀況　/ 148

注意缺口　/ 151

永續的賺錢機器　/ 152

4%法則　/ 155

「三弟」們和生命的盡頭　/ 157

風險規避：最好的財務計畫有四條腿　/ 159

保險的作用　/ 163

如何獲得正確的財務建議　/ 167

練習5：計算實現財務自由你需要多少錢　/ 171

第6章　是時候與家人談談錢了　/ 173

如果不是現在，那是什麼時候　/ 174

開啟艱難對話的方法　/ 176

遺囑文件　/ 179

法定醫學遺囑文件　/ 182

孩子們，是時候談談了　/ 184

「財務自由，提早退休」與緊急情況文件夾　/ 186

練習6：與你的家人談論遺產規劃　/ 188

第三部分
臨終患者唯一希望的是擁有更多的時間

第7章　時間感知套利 / 193

兩個有關時間感知的故事 / 193

你不能將時間商品化 / 197

生活駭客：有效時間邊界 / 199

帕金森定律 / 204

帕雷托法則 / 206

時間感知 / 207

時間很充裕 / 209

時間壓力 / 211

關於時間的思考 / 213

練習7：感知你的時間 / 215

第 8 章　臨終關懷醫生的投資建議　/ 217

保羅的故事　/ 218

改變是為了生者，而不是臨終患者　/ 219

和解的力量　/ 221

失敗的勇氣　/ 222

活在當下　/ 224

追逐「假神」　/ 225

投資與投機的區別　/ 227

臨終關懷醫生的投資建議　/ 230

對人壽保險的複雜心情　/ 238

練習 8：制定提升幸福感的投資清單　/ 242

結語　什麼是「死亡」　/ 245

致謝　/ 252

關於本書的重要說明　/ 255

第一部分

對金錢、工作與財務自由的誤解

引言

在我7歲的時候，我的父親突然去世了，沒有任何徵兆。關於那天我記憶猶新：校長辦公室的螢光燈，等待母親的我，母親的朋友諾埃爾到達學校時臉上的表情，母親微弱的話語。那天起我的生活就此改變了。

「父親走了。」

我仍記得當時我無法接受他的離去。我那個時候還是個崇拜父親的男孩，我會學他走路的樣子，我會模仿他的面部表情和話語。這個年輕的父親，這個醫生，這個超級英雄怎麼會突然有一天消失，不復存在，扔下他的妻子和三個兒子？

在接下來的幾週裡，我一遍又一遍地問自己：「他為什麼會離開？」像大多數那個年紀的孩子一樣，我以相當自我的視角來解釋周圍發生的事情。所以我懷疑父親的離去是因為我，因為我不夠好，不夠聰明，不夠可愛。

幾個月後，我所有的困惑在一個夢裡得到了答案。夢裡我穿著父親的白袍，戴著聽診器，鎮靜地幫助那些需要幫助的人，而護士和患者慌亂地從我身邊走過。夢裡的我感覺很好，很滿足，因為我能夠勝任父親的職業。

我們會把生活裡發生的故事詮釋得可以接受，或更好，或神奇，或神祕。最後我想到了一個有意義的詮釋——我將像我父親一樣成為一名醫生。於是我說服自己，追隨父親的步伐，彌補父親離去帶來的錯誤，因為我也有責任。

這個夢對我來說意義深遠。它幫助我克服了威脅我學習能力的閱讀障礙，幫助我度過了沒有親密友誼的童年，幫助我挺過體育比賽的失利，甚至是親密關係中的挫折。它促使我投入學習，而其他人則在舒服地玩耍、看電視。這不是我是否會成為一名醫生的問題，而是什麼時候成為醫生的問題。

當我上大學時，我已經成為自己一直想成為的學生。我可以靜下心來看幾個小時的書，吸收最困難和最具挑戰性的知識。我攻讀學士學位，確信它會是我迅速進入醫學院的敲門磚，並最終幫助我成為住院醫師。我正在實現我的夢想，或者至少，正在思考我的夢想如何實現。

然而，很快我就不得不承認：夢想和現實不是一回事。1999年，在華盛頓大學內科住院醫師的第一天工作讓我走進了現實。在當天快結束時，住院醫師主任將我介紹給一位工作三年的住院醫師，準備將他的患者交給我。

主任對我說：「這是約翰，由你接替他。他不能再受傷

了。」

我很困惑。不能再受傷了？這到底是什麼意思？誰在傷害他？我花了一年時間才明白那句話是什麼意思：在重症監護室工作會對心理不斷地產生衝擊。面對醫界激烈的晉升制度，面對不是所有患者都能挽救的殘酷現實，我很痛苦，只能麻痺自己來對抗失眠。我學會了如何埋藏恐懼、悲傷等情緒，以至於幾乎感受不到這些情緒的存在。

幾乎感受不到。

2004年10月25日，我的兒子出生了。沒有他，我可能會繼續在醫生這條職業道路上「自動駕駛」。那天在產房我把他抱在懷裡的一瞬間，我精心建造的心牆坍塌了。我不能再封閉自己的情感，因為心牆也會阻礙我感受兒子、妻子以及其他任何人帶給我的愛意和喜悅。我開始接受死亡，接受我的父親、我的患者的逝去，甚至也能接受自己的離世。生命的消失就跟我懷裡扭動的新生命的出生一樣。

我如獲新生般返回醫院工作，嘗試著和我的患者一起歡笑和悲傷。我不再試圖逃避當醫生的所有痛苦，而是選擇擁抱它們。

在這個過程中，我學習到的一些東西將徹底改變我對多年前那個夢的理解。

在醫學院畢業後不久的一個陽光明媚的春日，我正在幫母親整理閣樓上一堆早已被遺忘的盒子。我突然發現了幾份父親實習時期的舊筆記本，它們一直被母親保存到現在。當我認真閱讀他的筆記本時，我能感覺到父親對紙頁上這些知識的熱愛與興趣。

筆記裡的圖表經過精心摘錄和標記，一絲不苟，他對科學有著與生俱來的熱愛，而我此前對此一無所知。

對我來說，我熱愛的是人和人際關係。我最快樂的時刻是當我能夠按照「醫生」一詞的拉丁語含義對我的患者進行「教導」（docere）時，當我解釋人體的奧秘和人體為何變化無常，以及為什麼會衰落時，我處於最佳狀態。

但是，成為一名醫生是我實現目標的唯一途徑嗎？

這個問題把我嚇壞了。在花了這麼多年的時間努力成為醫生並從醫之後，卻得出成為醫生是不明智的選擇的結論，這讓我備受打擊。然而事實上，我過去一直想盡一切辦法來逃避這個結論。

我辭去了在醫療集團的工作，創立了自己的診所，因為我認為自己做主是我所缺乏的。這一舉動暫時緩解了我的不安，但沒過多久，我就意識到我不再喜歡在固定的地點看病了。我的下一個解決方案是離開辦公室，開始上門看病，為患者提供上門醫療服務。

雖然這種看病模式高效且收入頗豐，但幾年後，煩惱還是找上門了。這種模式讓我精疲力竭，一點都不快樂。因為睡眠太少，工作太多，剝奪了我當醫生的快樂。我不知道該怎麼繼續我的職業生涯，也不知道我的生活應該往哪走。

十分湊巧的是，就在這個時候，一位醫生作者透過我的醫學部落格聯繫到我，讓我審訂他的財務書籍。我一口氣讀完了他的書，這本書介紹了財務自由的概念，並將一些我以前未能連繫在

一起的經濟概念連結起來。我不知道還有這樣一群人，即「財務自由，提早退休」踐行者，幫助像我這樣的人學習計算在不工作的情況下需要多少錢才能生活下去。

在我做了計算之後，我發現我已經實現了財務自由。由於父母為我從小樹立的良好財務習慣，我攢了足夠的錢來養活自己，而不必擔心我靠什麼謀生。就像我讀到的那些追求「財務自由，提早退休」的人一樣，我遵循了節儉、儲蓄和明智投資的原則。

我擁有房產以及蓬勃發展的生意。我已經有足夠的錢了，也有支撐提早退休的收入來源。

「財務自由，提早退休」概念的另一面意外地讓我很難過：這些金融專家告訴我，實現財務自由後，我的時間可以只用在做最符合我真正願望的活動上。

但……我真正的願望是什麼呢？

這本該是我一生中最幸福的時刻之一，但設想放棄醫生職業的喜悅很快就被悲傷和不安所取代。我與父親的最後一絲連結消失了，我感到悲傷，並擔心自己有可能完全不知道內心真正的願望是什麼。

我只知道我並沒有真正體驗到我父親對醫學專業那種發自內心的熱愛，我知道我不想再活在他去世的痛苦和失落裡，我也知道我不想像他一樣英年早逝。

但這至少是一個開始。這些年來，有些想法佔據了我的大腦，驅動了我的許多行為，導致我無法發現自己內心深處的呼喚。所以一想到我到底想如何度過自己的時間，希望在這個世界

上留下什麼遺產時，我什麼也不知道。

我知道我需要更深入地思考這些問題。隨著我的孩子們一天天長大，我越發感受到尋找這些問題的答案帶來的緊迫感。我希望他們像我崇拜我的父親一樣以我為榜樣。我想確保將來無論發生什麼，他們都能擁有必需的生存保障。我永遠不會忘記，我的醫學生涯和中年轉型的部分資金支援來自父親的人壽保單，而我的家人永遠不會想要這樣的保單賠付。即使金錢是力量的一種形式，但它也帶來無法預估的可能性。我們該如何調和這些經常相互矛盾的現實？

我知道僅僅給我的家人留下一筆豐厚的遺產是不夠的。如果你失去過至親，你就會明白，我願意用我所有讀大學的錢來換取和我父親多待一會兒的時間。

在接下來的幾年裡，我開始一磚一瓦地重建我的身分意識。

我首先問自己一些難以回答的問題。我除了是醫生還是誰？是什麼讓我的生活感覺有目的？什麼是「足夠」的人生，以及金錢在其中扮演了什麼角色？即使沒有報酬，我最想做的事是什麼？我什麼時候最平靜？什麼時候最自我？除此之外，同樣重要的問題是：在我死之前，我想在這個世界上完成什麼？是什麼阻止了現在的我付諸行動？

當我開始思考這些問題的答案時，我能夠剝離醫生職業中不再適合我的部分工作。我放棄了上門治療工作，花更多的時間做一件事，這件事仍然能讓我獲得與當醫生一樣的存在感和幸福感，那就是臨終關懷。

顯然，這項工作與我幼年喪父的經歷密切相關，但我再也不是那個穿著一件過大的白大褂去扮演父親的男孩了。我覺得臨終關懷這份工作特別適合我，是無論報酬多少，我都願意做的工作。

　　這項工作也為我迅速發展的「第二職業」——金融專家積累了經驗資訊。這是我從未真正計畫過的職業道路，但當我開始談論和描述我最熱衷的事情時，這條道路就自然而然地出現了。在照顧臨終患者，與他們的家人接觸的過程中，我找到了許多多年來一直在努力解決的問題的答案，這些問題包括將我自己的目標和夢想與父親的目標和夢想區分開來，以及理解金錢在我生活中扮演的角色。實際上，隨著我接觸的患者越多，我就越清楚地看到這些臨終患者在金錢和生命方面帶給我的啟發和教導。

　　我們經常聽到「我們從出生的那一刻起就在走向死亡」，對這種陳詞濫調習以為常。但是，這些隱藏在我們思想和行為表面之下的認知，是否以一種我們從未察覺的方式影響我們的決策？失去父親和對自己有限生命的焦慮，確實驅使我一生的大部分時間都在不斷向前，然而我花了幾十年才意識到，當談及自己的故事，談及自己的身分、使命和安全感時，我對死亡的恐懼感才是最主要的。

　　也許你有自己的解釋，幫助你理解生命的不確定性和死亡的必然性。你如何向自己解釋你為什麼要做現在的工作？你如何度過你的「自由時間」？金錢對你來說意味著什麼或者不意味著什麼？

這些經歷是否影響了你為自己和家人花錢的方式？是否影響了你每週工作多少小時，以及你允許自己在多大程度上沉迷於自己的愛好或熱愛事物？這些經歷是否與早期的失去或創傷有關？如果是這樣，是否有必要更深入地研究這些經歷？

我接診的每位患者都有自己的故事。但是，當一個人被診斷出絕症，對死亡的恐懼從可能變成確定時，有一件不同尋常的事情會經常發生：那些關於身分、工作和金錢的保護通常會瓦解，讓一個人非常清楚自己是誰，自己愛什麼，以及什麼才是真正重要的。

這並不意味著對患者、他們的親人或他們的護理人員來說，臨終關懷是容易的。而我觀察到的是，對很多人來說，死亡既是懲罰也是解脫。當死亡變得確定時，就像脖子上的鉗子被鬆開了，關注點從對失去的恐懼轉移到仍然可以獲得和體驗上。

這時，人們通常第一次關注自己內心的真實願望。

當我告訴我的一位慢性病患者山姆，他的生命要結束，我已無能為力時，他停頓了一會兒，說：「醫生，我沒有時間實現自己的願望了！」

說完他突然大笑起來，他的女朋友卻控制不住地流下眼淚，再也擠不出笑容來。

這不是我對山姆唯一美好的記憶。診斷結果一出來，他就發生了一些變化。他不再整天擔憂自己是否會死，診斷結果沒有給他擔憂的機會。

沒有多少時間可以浪費了。在他的一生中，他一直在延遲自

己內心想要看世界的願望。他總是找藉口迴避他「可笑」的願望和夢想。現在，他不再需要謹慎行事。接下來的幾個月裡，當我打電話給山姆預約上門醫療服務時，他很少在家。

有一次我打電話，他的女兒告訴我：「他去新奧爾良參加狂歡節了！」

山姆在收到診斷結果後的幾個月裡進行了許多旅行。一天下午，他的女朋友來看他，發現他安詳地躺在床上。當她發現他沒有了呼吸時，就走到電話旁給醫院的護士打了電話。然後她注意到床旁邊有一個行李箱。她打開行李箱，裡面放著山姆已經疊好的他最喜歡的西裝、他的幸運襯衫和一雙嶄新的鞋子。她很困惑，因為他們沒有計畫下一場旅行。

當我掛斷電話時，我意識到山姆打包行李想要傳達的資訊。

對他來說，死亡只是另一場冒險，他想提前準備好他的行李。

如果我們每一天都能像山姆一樣追求自己內心的生活，而不只是在我們生命最後的日子裡，會是怎樣？

我從患者那裡學到得越多，我對節儉、儲蓄和投資的許多想法就越不確定。你在任何財務自由的論壇或臉書群組上發文諮詢大額開銷時，反對意見很快就會來臨。這些反對意見一遍又一遍不厭其煩地聲稱，把錢花在這些大件物品上會產生「機會成本」。換句話說，如果我們把錢用來投資，它可以實現「複利」，讓我們未來有可能獲得更多的機會。

複利最簡單的解釋就是生息投資，呈指數級增長，也可以說

這是你從利息中賺取的利息。許多專業的理財書都會用非常詳細的數學公式描述，以複利增長的小筆資金如何在一段時期內不斷擴大，而變成大筆資金。你所要做的就是坐下來休息，等待資金增長。

但我在和像山姆這樣的臨終患者接觸後得出的結論是，金錢並不是唯一可以實現複利的東西。體驗可以實現複利，我們投入對世界的探索中的時間和精力可以實現複利，知識可以實現複利，幸福也可以實現複利。

在我職業生涯剛開始的時候，我的姊姊和她的丈夫因為一份臨時的工作搬到澳洲生活了一年。由於繁忙的事業和剩餘的大學債務，我和妻子決定存錢，而不是去探望他們。多年後，我對沒有去探望他們感到非常遺憾。當然，我們沒有花的數千美元現在可能已經複利成數萬美元。今天我可以輕鬆負擔得起去澳洲的費用，但我永遠無法回到過去，實現年輕時的那場冒險。

我們一定不能忘記事物的真正價值所在。

我對「財務自由，提早退休」概念的瞭解加深了我對自己財務需求的理解，使我能夠制訂穩妥的計畫，並將自己從不滿意的工作中解放出來。此外，與臨終患者的接觸也幫助我看到了財務自由和提早退休是建立在恐懼的基礎之上的：害怕沒有足夠的錢，害怕從事沒有成就感的工作；也許最重要的是，害怕人還活著，錢沒了。

當面對縮減開支、職業選擇和經濟危機時，這些恐懼不僅會導致極端行為，還會讓人們誤解生命的意義和目的。這也是我從

患者那裡學到的東西。我從臨終患者身上學到的教訓並不總是積極的。

莉茲在40歲出頭時開始關注她的財務問題。她被財務自由和為兩個年幼孩子建立富足生活的前景所吸引，開始了一項穩健的家庭預算計畫。她不遺餘力地儲蓄和投資，幾年後，她就步入了通往財務自由的正軌。

然而，莉茲對她剛實現的財務自由的喜悅是短暫的，她很快發現自己坐立不安，沒有目標。她不快樂，開始與抑鬱症鬥爭。

現在錢的問題已經解決，她卻不知道應該把精力集中在哪裡。她失去了花更多時間在辦公室努力工作賺錢的動力。

財富的幻景掩蓋了一個事實，即金錢只是一種工具，而不是一個目標。莉茲不知道該如何填補只追求財富帶來的空虛。她變得越來越沮喪，沒有目標。她喝的酒越來越多，睡眠的時間越來越少。悲劇的發生只是時間問題，她開車時在方向盤上睡著了。

我只在莉茲的家人決定放棄繼續治療之前與他們簡單見過一面。車禍造成了不可逆的腦損傷，莉茲醒來的概率微乎其微。

我與她的丈夫卡爾坐在一起，看著醫護人員移除莉茲的呼吸機，我只能略表安慰。幾天後，我打電話到他家裡想看看他的情況。

當他表達自己難以忍受的失落感時，他哽咽了，並分享了更多關於莉茲生命最後的故事。

「莉茲那段時間一直非常關心錢，」他告訴我，「我寧願夜以繼日地工作一輩子，只為和她再待一年！」

雖然我遇到過很多表達過類似遺憾的患者和家屬，但我也看到一些人在被診斷出患有絕症後，選擇以一種讓渴望提早退休的人感到意外的方式，來度過他們留在世界上的最後時光。

波比從小就癡迷於卡車，他夢想有一天能擁有自己的大卡車。

他將童年的幻想轉化為一項蓬勃發展的業務——買賣他小時候愛上的大卡車。每天早上，他都會在停車場來回踱步，欣賞他的寶貝卡車，然後坐到辦公桌前，開始專注於開發卡車買家和賣家的工作。

到他去世時，曾經蓬勃發展的企業基本上已經沒有什麼價值了。儘管他的客戶越來越少，但波比仍然喜歡他的工作。隨著他的充血性心力衰竭的惡化，我會去他的店鋪問診。他的助手把波比的躺椅放在靠近辦公桌的地方，這樣他就可以在一整天打瞌睡的間隙之中仔細研究銷售報表。他的身體在衰退，但他對卡車生意的熱情絲毫沒有減退。

現在人們普遍會認為，波比應該把工作做好，這樣他就可以更早地離開他的店鋪。但我向你保證，除了他的店鋪，地球上沒有任何地方是他想去的。

漸漸地，從事臨終關懷醫生的經歷，不僅改變了那個沉浸在失去父親悲傷中的7歲小男孩對夢的詮釋，也改變了我對如何度過餘生以及我真正重視什麼的看法。它幫助我淘汰了很多人認為神聖的財務建議，因為這些建議可謂「甲之蜜糖，乙之砒霜」。也許最大的收穫是，我意識到我們在試圖保護自己遠離死亡時經

歷了多少複雜的時光。有時對死亡的恐懼讓我們要麼謹慎行事，要麼走一條不屬於我們自己的道路。有時我們如此迷戀財富的幻景，以至於我們一生都在追逐一些並不真實存在的或難以實現的目標。對我們中的許多人來說，只有當我們發現自己快要死了或身患絕症時，這些錯誤的幻想才會破滅。

從生命的起點而不是尾聲開始追隨自己的內心，這對自己是一份多麼大的禮物——在為時已晚之前領悟生命的意義。追求財富和金錢不應該以犧牲生命中重要的東西為代價，恰恰相反，它應該在這段最重要的人生旅程中起輔助作用。

這本書歌頌了我的患者教會我關於生與死的一切。這本書批判性地審視了我的許多同齡人，在談到金錢與生活之間複雜關係時推崇的傳統智慧。

我從死亡中獲得的智慧，比因為「人只活一次」而將經濟責任扔出窗外要深刻得多。事實上，在我看來，我們不止活一次。我們從一次又一次的痛苦和失去中經歷了無數次的重生。每個學業或職業的里程碑，每次失望或心碎都像是一個生命的結束和另一個生命的開始。但身為臨終關懷醫生，說「人只活一次」更科學！

雖然沒有什麼是永恆的，但對一些人來說，只有當他們面臨自己即將死亡的事實時，才會開誠布公地審視自己的生活。死亡的確定性消除了自我麻痺的恐懼和障礙，讓我們直面重要問題。

沒有時間猶豫了。我們想成為誰？我們重視什麼？金錢有多重要，我們願意為此犧牲什麼？

這些問題的答案有助於填補我們內心經常被忽視的空白：我是誰，我想要什麼。我們必須填補這些空白，為「好」的死亡做準備。現在是修復破裂的關係，並完成生命最後一刻的「遺願清單」的時候了。生命的尾聲既容易又艱辛。

然而，在離死亡還遠的人手中，死亡的禮物變得更加強大。

我們沒有理由不去利用每天的失去和痛苦帶給我們的勇氣，讓我們今天就開始思考關於身分和人生目的的問題。失去總是無處不在，有句哲理說得不錯：我們需要向死而生。

問題是未來是不確定的，我們不知道我們是在明天還是幾十年後死去。這就是為什麼僅僅遵循其他人提出的關於明智理財和投資的原則或規則是不夠的。有效地管理資金不僅僅是平衡收入和支出，不僅僅是預算和儲蓄的問題。我們的目標是讓我們的資金「自動駕駛」，這樣我們的錢就會為我們工作，但我們的人生不應該任人擺布。

接下來的章節中，我分享的故事、想法和觀點是我從患者和我自己的生活中學到的最重要的教訓。接下來的章節將提醒我們，財富只是一個槓桿工具，真正的財富遠不只是金錢。透過提出正確的問題，我們可以使用此方法重寫我們腦海裡陳舊的故事，這些故事不再是不可撼動的。

太多的人指望理財顧問確切地告訴他們該怎麼做。這些人真正需要的是更好地瞭解他們是誰以及他們想要什麼。當吸取了臨終患者的寶貴教訓後，個人關於金錢管理的決定會變得非常清

晰。我寫這本書的目的是利用這些知識和教訓，來幫助你制訂一個沒有陳詞濫調，不只是喊喊口號的財務規劃。本書的目標是幫助你獲得屬於自己的獨一無二的遺產。

第1章
金錢就像氧氣

兩個臨終患者的故事

在與臨終患者接觸多年後，我得出了一個無法反駁的結論：我們害怕死亡，害怕等待死亡的到來。研究表明，很大一部分人害怕自己和親人的去世。甚至還有一個叫「死亡學」的研究領域來專門研究人類對死亡和垂死的反應。

但同樣普遍的是我們對生命的恐懼。具體來說，我們害怕錯過讓我們過上美好生活的一次機會。這種恐懼幾乎滲透我們所做的每一件事，引發羞愧和失望，使我們的關係緊張。我們設定了很高的標準，緊接著擔憂如果我們達不到要求會發生什麼。

很多時候，這些標準是建立在我們從未真正研究過的根深蒂固的思想基礎上的。這些思想的核心是，只要我們積累了足夠的財富，就可以以某種方式避免死亡，或者至少減輕我們的不足和失望。難怪我們的心理健康會出現危機！我們無法逃脫死亡，也

無法控制死亡。我們可以把錢都花在延遲死亡上,但再多的錢都不能幫我們永久逃脫死亡。

我想分享兩個關於人們在非常不同的經濟環境下生活和死亡的故事。從表面上看,它們只不過是兩個關於死亡的故事。但是,如果我們忽視兩個男人的經濟狀況,我們會看到他們帶著同樣的遺憾死去:他們的人生都沒有實現「足夠」。

查理的故事

簽署離婚可能是查理的人生最低點。他的妻子坐在他身邊,偶爾抬起手拍打一些在房間裡嗡嗡作響的蒼蠅。

但病房裡沒有蒼蠅。

查理試圖透過眼淚看清那些法律文件。他無意與他心愛的妻子離婚。但為了確保患有阿茲海默症的寶拉得到足夠的醫療照顧,他不得不簽署離婚文件以宣布妻子破產。只有這樣,公共醫療補助才會支付資金。

他後悔沒能帶寶拉回家度過最後的日子,儘管那個他們幾年前被迫搬去的狹窄公寓不能被稱為「家」。他們在一起的最後幾年與他們在繁華郊區撫養孩子的歲月有著天壤之別。最重要的是,查理後悔在還有時間的時候很少考慮自己的財務未來。

寶拉死後,查理的健康狀況迅速惡化。他用他僅有的一點力氣從他合租的小家中清理出他朋友的物品。離婚後剩餘的最後一點錢都沒了。他的身體虛弱,行動不便。一天晚上,他喝了很多

酒才上床睡覺，當他醒來時，發現自己沒有力氣坐起來。他只能緩緩地滾到地板上，爬進浴室。沒有人幫他撥打急救電話，他無法在某個醫療機構裡度過最後的絕望時光。向他的孩子們承認他需要救助已經夠糟糕的了，他珍惜和他們在一起的時光，不想讓他們知道生活變得多麼窘迫。

最後，查理的心臟衰竭了。他的醫生建議他立即住院治療。

查理拒絕了。當醫生強烈要求他僱用全天候的護理人員時，查理笑了。他那微薄的社會保障補助只夠勉強支付水電費。

查理彌留時，他的孩子們圍繞在他身邊，他卻帶走了他的愛、回憶和經歷，留下了不能維持基本生活保障的銀行帳戶。

老康納的故事

康納在寫郵件結尾的時候，聽到爺爺含糊地說：「別一直工作了……不值得為錢犧牲自己……」康納迅速看了一眼他的勞力士手錶，他的妹妹還有幾分鐘就來了，接替他看護爺爺。他與經銷商的會面只能延遲這麼久。

他轉向他的爺爺：「算了吧，爺爺，你幾乎擁有了這家醫院的大樓！」

這位大家族的族長快去世了。像康納一樣大的時候，這位族長開始建立現在這個價值數十億美元的製造業。現在他躺在這裡，即將把他的遺產留給他不知感恩的子女和他自私自利的孫子孫女。與他同姓的康納並不比其他人好，可他還有什麼選擇呢？

這個年輕人繼承的可不止他的姓氏。這個堅韌又專注的年輕人非常適合接手他的跨國企業集團。

康納尊敬他的爺爺，以他為榮。可是，爺爺將死於某種癌症或其他疾病之手，他既不悲傷也不驚慌。對這位年輕又忙碌的首席執行長來說，這只是給生活帶來了一些不便。

康納終於把目光從手機上移開，可為時已晚。他的爺爺已經停止了呼吸。一股強大的力量消失得無影無蹤。

我想知道康納那一刻在想的是什麼。他是在想自己的工作不值得嗎？在想他出差的那些晚上，自己的妻子在做什麼嗎？

這是他爺爺想傳達的嗎？

康納的蘋果手機上的日程提醒嗡嗡作響：會議將在15分鐘後舉行。他抓起公事包塞在腋下，衝出病房朝電梯走去。他從來沒有想過要通知他的家人。

這位大家族的族長死了。

錢足夠時仍不夠

為什麼儘管情況截然不同，但是這兩個故事有著如此相似的悲劇感？查理與妻子有著令人羨慕的夫妻關係，直到生命的最後一刻仍愛著他的妻子，但是他沒有錢，醫療補助「拋棄」了他，最後他帶著痛苦離開了這個世界。

老康納，一個有錢到可以買下住院大樓的商人，也帶著遺憾

離世。他不關心日常生活，只是一個工作狂。他的一生沒有得到真正的愛和親密連結。

他領悟到「綽綽有餘」也是一種不夠。

2019年，我有幸採訪了白袍投資者平臺（The White Coat Investor）的創始人吉姆・達勒（Jim Dahle），華爾街高收入專業人士透過這個平臺「互幫互助」。我們討論了財富、幸福及兩者之間的連結。

當談到我的一些聽眾表示他們絕大部分的努力都是為了「比金錢更深」的東西時，吉姆感到難以置信。

他說：「我認為，你已經財務自由還在那兒說錢無關緊要，真是姿態太高。你想想，如果你的銀行帳戶裡什麼都沒有，而此時你的孩子餓了，你生病了需要看醫生，你的汽車要換變速器，你知道嗎？沒錢可不行！」

那天，他把錢比喻為氧氣。如果你有足夠的錢，它不會對你的生活產生太大影響。但是，如果你沒有足夠的錢，任何事情都是奢望！

他的話對我來說如同當頭一棒。那些話幫助我意識到我過去在個人財務方面擁有的優越感。這麼長時間以來，我一直低估物質財富的重要性，因為我很早就從生活富足上起步了。我一直在盡最大努力「擁抱富足心態」並且「擺脫貧窮思維」。

然而，我未能領會到一個基本事實：只有當我們的基本經濟需求得到滿足時，我們才有資格說「錢無關緊要」。

資料證實了我過去的思考方式是錯誤的。2017年，美國納

斯達克上市公司的一項調查顯示，在接受調查的1003人中，57%的人沒有足夠的現金來支付500美元的意外費用[1]。這還是在經濟和就業市場被新冠疫情摧毀之前的比例。

2020年8月，根據科技公司SimplyWise的雙月調查，因新冠疫情而失業或收入減少的人中，有38%的人無法靠任何形式的儲蓄生存一個月[2]。更令人擔憂的是，1/5的人的儲蓄、應急基金或退休專用資金無法維持兩週的生活。很大一部分人生活在失業與貧困的水深火熱之中。

正如這些統計資料所揭示的那樣，我們正處於一場經濟危機之中，僅僅依靠我們個人的力量無法戰勝。因此，仍在努力奮鬥的人不應該對未來的生活感到羞恥。雖然這本書沒有明確關注如何擺脫債務，但它描述了我們都應該知道的理財實踐基礎知識。

更重要的是，這些理財觀念能夠幫助我們理解金錢的本質以及如何明智地使用它。

此外，過上富足生活的人不應該高興得太早。讓我們進一步瞭解「氧氣」的隱喻，以瞭解其背後的原因。沒有最低水準的「氧氣」，生活便難以維持，那「氧氣」過量時會發生什麼呢？額外的「氧氣」能帶你去任何地方嗎？能讓你獲得超人的力量，壽命更長、更幸福嗎？

雖然有些人可能覺得答案是肯定的，但作為一名醫生，我可以肯定地告訴你，擁有比你的肺和身體生存所需的更多的氧氣不會有任何好處。事實上，在含量非常高的情況下，氧氣可能是有毒的，會對肺部和心臟造成損害。

那麼,為什麼我們沒有意識到關於金錢的數量也是同樣的道理呢?為什麼我們追逐的金額越來越高,已經遠遠超過了我們「足夠」的水準?此外,為什麼我們覺得在滿足基本需求後,更多的錢會以某種方式幫助我們獲得更多的成就感和身分滿足感呢?

我把這種想法稱為「足夠謬論」。這種想法認為,一旦我們達到某種穩定期(無論是財富、成就還是幸福方面),平靜和幸福感就會籠罩著我們。而現實中,我發現人們一旦達到目標,恐懼就會緊隨其後。我們立即擔心會失去最初努力獲得的一切,這時恐懼感取代了成就感。

你可能熟悉「損失厭惡效應」這個心理概念,這是心理學家阿莫斯・特沃斯基(Amos Tversky)和丹尼爾・卡尼曼(Daniel Kahneman)提出的一個概念[3]。簡單來說,人們心理感知到的失去帶來的痛苦是獲得帶來的快感的兩倍。因此,我們將竭盡全力避免我們極度害怕的「損失」。也許這就是為什麼每當我們到達一個我們曾經認為「足夠」的水準時,我們就會害怕跌落。我們還沒慶祝這個目標的達成,就開始追逐下一個目標。

---

[1] Bankrate, "Nearly 60% of Americans Can't Afford Common Unexpected Expenses," *January Money Pulse,* January 12, 2017, https://www.bankrate.com/pdfs/pr/20170112-January-Money-Pulse.pdf.

[2] Greg Iacurci, "Nearly 40% of Cash-Strapped Americans Can't Last a Month on Savings," CNBC, August 19, 2020, https://www.cnbc.com/2020/08/19/nearly-40percent-of-cash-strapped-americanscant-last-a-month-on-savings.html.

[3] D. Kahneman and A. Tversky, "Prospect Theory: An Analysis of Decision under Risk," *Econometrica* 47, no. 4 (1979): 263-291.

我們的大腦似乎天生就永遠不會感到滿足。而更糟糕的是，它欺騙我們，讓我們以為，與失去現有的東西相比，真正的收穫或成就會黯然失色。

那麼我們註定要失敗嗎？

「足夠」只是一種幻想嗎？

「馬斯洛金字塔」可能帶來對幸福的誤解

讓我們從你可能熟悉的著名金字塔的底部開始我們的「足夠之旅」。

1943年，著名心理學家亞伯拉罕·馬斯洛（Abraham Maslow）在他的論文《人類動機理論》（*A Theory of Human Motivation*）中介紹了他的需求層次理論，透過需求金字塔闡明人類行為的驅動力[4]。金字塔下層是我們的基本生理需求：食物、水、衣服、安全。然而，沿著需求金字塔攀登，人們更抽象的需求開始佔主導地位：愛、聲望、創造力和自我實現（見圖1-1）。

剛看到這個金字塔我就想起與吉姆·達勒的談話：「實現『足夠』要求我們的基本生理和安全需求得到滿足。」支撐基本需要的金錢（食物、水、安全）就像氧氣，沒有它我們根本不可能生存。

但是當我想到從老康納身上學到的東西時，我對金字塔的看法就有點不同了。我們應該把金字塔中的每個階段，想像成在攀

登更高、更困難的階層之前必須經過的一個步驟嗎？歸屬感、自尊和滿足感只能發生在前兩個層次得到滿足之後嗎？傳統的理論告訴我們，確實如此。但是，我認為是時候把馬斯洛金字塔拉扁來看了。

看看本章開頭的兩個故事就知道了。毫無疑問，老康納早就實現了金字塔底部的基本需求。然而，在生命的盡頭，他遠未達到金字塔頂端的自我實現那個三角形區域。他的生命中沒有愛情，沒有深厚的感情。他止步於金字塔底層。

另一方面，查理的生活充滿了愛和感情。即使在經濟上掙扎，他也攀登到了金字塔頂端的三角形區域。他雖然缺錢，但他實現了生命的意義和目的。

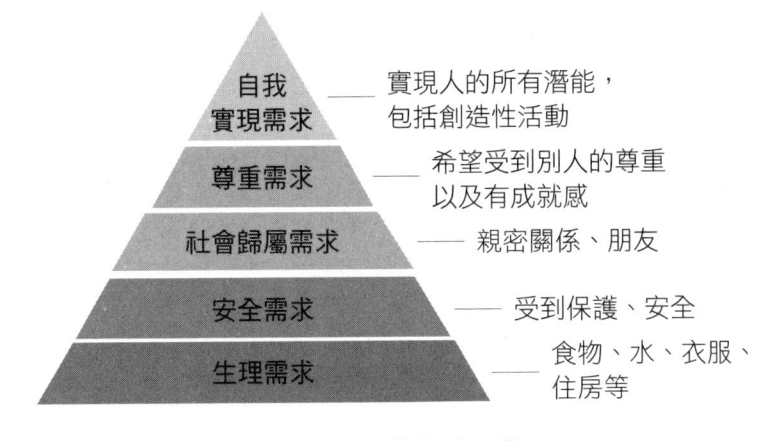

自我實現需求	實現人的所有潛能，包括創造性活動
尊重需求	希望受到別人的尊重以及有成就感
社會歸屬需求	親密關係、朋友
安全需求	受到保護、安全
生理需求	食物、水、衣服、住房等

圖1-1　馬斯洛金字塔

---

④ A. H. Maslow, "A Theory of Human Motivation," *Psychological Review* 50, no. 4 (1943): 430-437.

查理「打破」金字塔了嗎？衝擊了這個理論嗎？或者更有可能的是，我們所瞭解的需求分層實際上是不現實的？實現「足夠」的過程可能看起來不像攀登金字塔，而更像是繞著一個螺旋形轉圈，始終確保我們不會偏愛一個關鍵領域而忽視另一個關鍵領域。

擁有一家價值數十億美元的公司不會比貧窮的人更容易獲得自我滿足感和自我成就感。我們不必為了爬到下一個層級而先到達一個層級。相反，這是一個大雜燴，普通人選擇滿足他們的部分需求，而忽視其他需求，但我們中最有成就感的人會牢記五個層次的所有需求。

我們很容易發現查理所缺乏的東西，但許多人會對老康納這樣的故事感到困惑。為什麼他有這麼多東西，還不能實現金字塔頂端的需求？

在我的職業生涯中，我照顧過許多像老康納這樣的患者。我看到他們從一個成就跌跌撞撞地走向另一個成就，從一個金錢目標跌跌撞撞地走向另一個金錢目標。他們不知道滿足感是什麼。

他們的快樂取決於一次又一次的成就，但持續不了多久。

為什麼會這樣？

「享樂跑步機」與「超速運轉」

許多理財書都討論過一個叫「享樂跑步機」（hedonic treadmill）的概念。

我們都時不時地渴望增添奢華的物品：汽車、珠寶、房屋，不一而足。確實，新物品往往會將我們的幸福感短暫地推向頂峰。

我們驚嘆於停在車道上的精緻轎車，在我們手指上閃閃發光的鑽石。然而，隨著時間的流逝，我們又回到了起點（見圖1-2）。我們的幸福感沒有增加，反而只是破費了不少。

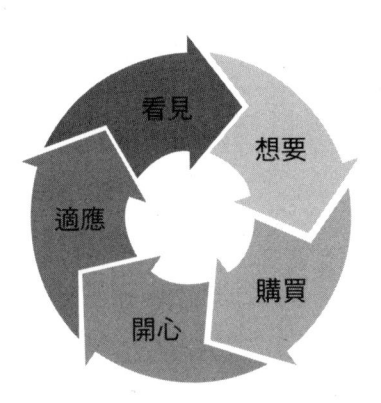

圖1-2 享樂跑步機

「享樂跑步機」理論可以解釋這些現象。背後的原理簡單來說就是，人類能夠如此迅速地適應變化，以至於無論我們在生活中經歷了什麼積極或消極的變化，我們都傾向於保持基本的幸福

水準。這就是為什麼我們的購買行為給我們帶來了一種幾乎瞬間消失的短暫幸福感：因為我們適應了。在不知不覺中，我們在網上尋找下一個要買的東西，希望能重現那種短暫的幸福感。

這是為什麼？因為人性，因為消費是會上癮的。這就是為什麼它被稱為跑步機。我們的腿移動得越來越快，但實際上，我們只是在原地踏步。「享樂跑步機」是我們許多人最後不得不做出與查理一樣難以置信的臨終抉擇的原因。

然而，許多理財專家沒有告知我們的是，「享樂跑步機」有一個雙胞胎兄弟，它同樣具有危害性。我喜歡稱之為「超速運轉」，這在那些被財務自由的想法所吸引的人中尤為常見。對我們中的許多人來說，存錢和賺錢會給我們帶來短暫的幸福感，帶來令人上癮的多巴胺小刺激，而不是花錢。

問題在於，就像「享樂跑步機」一樣，金錢累積並不能永遠給我們帶來幸福感。每當那些新里程碑的光芒消退時，我們就會回到起點。我們就陷入試圖賺更多錢的怪圈中。

當我談論「超速運轉」時，我並不是在談論汽車上讓人無法理解的檔位設置。但是，讓我繼續使用汽車的比喻：當車輪在轉動，但汽車懸空不接觸地面時會發生什麼？我們可以將油門踩到底以增加車輪的旋轉速度，但汽車仍然沒有移動。

好吧，你可能對此持反對意見，覺得雖然「享樂跑步機」是一個不錯的理論，但當涉及金錢時，更多的錢確實可以買到更多的幸福。一旦你買得起更好的東西，生活就會變得非常容易。

讓我們來看一些例子。

更多的錢帶來了更多的幸福嗎

為了理解金錢和滿足感之間的複雜關係，我們必須先學習研究人員在研究這些關係時使用的術語。在這些研究中反覆出現的兩個概念是**情緒健康**和**人生評估**。

> **情緒健康**，是指一個人日常生活中產生的情緒感受，也就是我們通常所說的「幸福感」。
> **人生評估**，是指一個人體驗到的長期成就感或滿足感。

你可能聽說過，2010年丹尼爾・卡尼曼和安格斯・迪頓（Angus Deaton）研究了收入對我們生活的影響[5]。他們對1000名美國居民進行了情緒健康和人生評估的測量，發現居民的年收入增加到7.5萬美元前，收入提升會帶來幸福感提升，但年收入超過7.5萬美元後，幸福感的提升就微乎其微了。

為了進一步研究這一概念，2018年，普渡大學心理科學系的研究人員分析了蓋洛普世界民意調查的資料，該民意調查來自164個國家的170多萬人的代表性調查樣本[6]。研究人員發現，當人們的年收入在6萬~7.5萬美元時，金錢不再影響情緒健康。

---

[5] D. Kahneman and A. Deaton, "High Income Improves Evaluation of Life but Not Emotional Well-Being," *Proceedings of the National Academy of Sciences of the United States of America* 107, no. 38 (2010): 16489-16493, doi: 10.1073/pnas.1011492107.

[6] A. T. Jebb, L. Tay, E. Diener, and S. Oishi, "Happiness, Income Satiation, and Turning Points around the World," *Nature Human Behaviour* 2 (2018), 33-38.

獲得人生滿足感的理想年收入是9.5萬美元。

有趣的是，該研究還發現，一旦達到這些年收入標準，收入增加往往與生活滿意度降低和日常幸福感降低相關。該研究的作者推測，一旦年收入超過這些關鍵點，人們的物質消費和同伴攀比會增加，這往往會產生整體負面影響。這聽起來有點像「超速運轉」，難道不是嗎？

馬修・基林斯沃思（Matthew Killingsworth）2021年的最新研究質疑了卡尼曼和迪頓2010年研究的結論[7]。儘管基林斯沃思發現超過7.5萬美元門檻後，金錢也與幸福感相關，但這種關聯很小，主要出現在那些認為金錢很重要的研究對象中。

我理解錯了

我可以自信地寫出關於「超速運轉」的片段，是因為我自己就深受其害。在我成年後的大部分時間裡，我擁有的遠遠超過「足夠」，但我一直在想，如果我賺得更多，如果我的薪水更高，如果我的淨資產更高，如果我存的養老金越多，我就會越快樂。

但是，財富「綽綽有餘」沒有獎賞。事實上，它有懲罰。我的財富增長之旅消耗了我的時間、精力，甚至還有我的親情。

我的孩子長大了，我的父母變老了，我的兄弟姊妹先後成立了家庭。

而我很忙，經常忙得沒有時間陪伴我的家人。

為什麼？為什麼我們被迷惑？為什麼我們忽略了生活中所有非貨幣事物的重要性和價值，取而代之的是追求財富和物質主義？

更難以發現的事實是，美國文化（以及許多其他現代化社會的文化）鼓勵我們追求財富和物質。我們的文化鼓勵我們成為工作狂、消費主義者，鼓勵我們相互攀比。我們癡迷於購買最新的、最流行的、最好的物品。一旦購買，我們就會自豪地炫耀我們的東西和生活方式，讓其他人羨慕。

不相信我？讓我們看看事實。2014年，蓋洛普世界民意調查顯示，美國人每週的工作時間比大多數發達國家都多[8]。實際每週工作時長是47個小時，遠遠超過德國和瑞典等發達國家，這些國家的人每週的工作時間約35個小時。

美國人比其他國家的人更傾向於選擇迴避假期。2017年「休假專案」（Project Time Off）這項由美國民眾發起的運動研究了這一現象，發現美國52%的職場人士將一些假期時間留在了辦公桌上[9]。請注意，美國與大多數國家不同，美國每年的法定

---

[7] M. Killingsworth, "Experienced Well-Being Rises with Income, Even Above $75,000 Per Year," *PNAS* 118, no. 4 (January 26, 2021): e2016976118, doi: 10.1073/pnas.2016976118.

[8] Lydia Saad, "The '40 Hour' Work Week Is Actually Longer—by Seven Hours," *Gallup*, August 29, 2014, https://news.gallup.com/poll/175286/hour-workweek-actually-longer-sevenhours.aspx.

[9] Megan Leonhardt, "Only 28% of Americans Plan to Max Out Their Vacation Days This Year," *CNBC Make It,* April 27, 2019, https://www.cnbc.com/2019/04/26/only-28percent-of-americansplan-to-max-out-their-vacation-days-this-year.html.

假期只有兩週。工作日晚上和週末的工作資料甚至更糟（見圖1-3）。

美國人不僅在非工作時間工作的時長上領先，而且多達1/4的美國人至少會在一些工作日晚上和週末加班。

顯然，這些資料讓我們忍不住思考：為什麼會有這種差別？是因為美國人非常熱愛工作嗎？2019年的一項蓋洛普世界民意調查的結果顯示事實並非如此，該民意調查調查了6633名在職成年人以評估他們的工作滿意度[10]。民意調查發現，接受調查的美國職場人士中只有40%認為自己正在從事一份「好工作」，而16%的調查對象認為自己正在從事「糟糕的工作」，剩下的44%表示他們正在從事「平庸的工作」。

這些數據太可怕了！

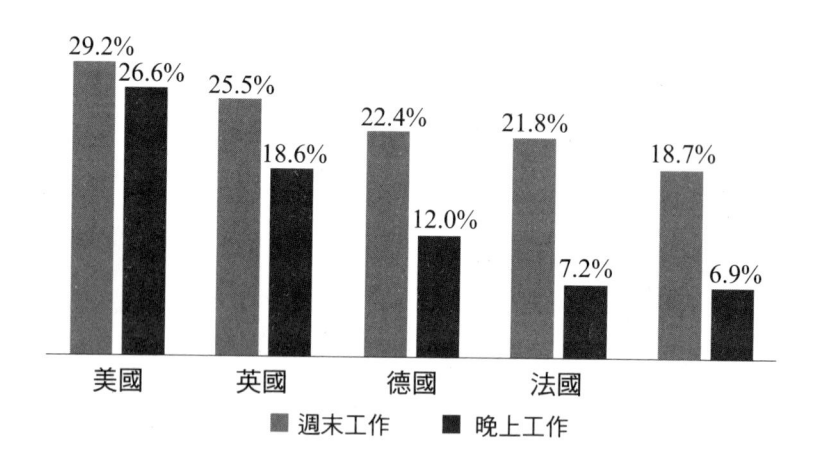

	美國	英國	德國	法國	
週末工作	29.2%	25.5%	22.4%	21.8%	18.7%
晚上工作	26.6%	18.6%	12.0%	7.2%	6.9%

圖1-3　不同國家工作日晚上和週末工作習慣對比[11]

資料來源：哈默梅什（Hamermesh）和斯坦卡內利（Stancanelli）。

總之，我們比以往任何時候都更加努力地工作，無視假期，在工作日晚上和週末瘋狂加班，忙碌於我們大部分人認為平庸甚至可能很差的工作。為什麼啊？為什麼我們要這樣對自己？為什麼我們用最寶貴的時間換來的是這不幸的局面？

是因為恐懼嗎？

為什麼我們壓力如此之大

研究發現，金錢是美國人最大的壓力來源。事實上，西北互惠保險公司（Northwestern Mutual）2018年的一項調查發現，金錢是44%的美國人（約1.44億）壓力的主要來源，其次是人際關係（25%），只有18%的人的壓力來源於工作[12]。美國心理學會（American Psychological Association）的資料也顯示，金錢是美國人的頭號壓力源：「2007年我們的調查開始以來，無論經濟環境如何，金錢一直是美國人的頭號壓力源。」[13]

---

[10] Megan Henney, "Most American Workers Don't Like Their Job, Study Finds," *Fox Business*, October 24, 2019, https://www.foxbusiness.com/markets/american-job-satisfaction-gallup-poll.

[11] Statista, "Americans Work Nights and Weekends the Most," October 10, 2014, https://www.statista.com/chart/2812/americans-work-nights-and-weekends-the-most.

[12] Northwestern Mutual, "Planning and Progress Study 2018," March 19, 2018, https://news.northwesternmutual.com/planning-and-progress-2018.

[13] American Psychological Association, "American Psychological Association Survey Shows Money Stress Weighing on Americans' Health Nationwide," press release, February 2015, https://www. apa.org/news/press/releases/2015/02/money-stress.

馬斯洛需求層次理論能部分地解釋這些恐懼。大部分美國人沒有足夠的錢，所以他們被困在滿足基本需求的金字塔底部。

但這個理論肯定無法解釋像查理這類人，他們在沒有滿足基本需求的情況下攀升到所謂的金字塔頂層。這個理論並不能解釋為什麼我無法享受我的職業，反而備受煎熬，最後還陷入嚴重的倦怠。馬斯洛需求層次理論無法解釋這樣一個事實：美國中產階級和上層階級中的很大一部分人有足夠的生存能力，卻發現他們的日常工作是巨大長期壓力和痛苦的原因。

答案很簡單，而且近在眼前。我們期望用錢來辦它辦不到的事情！錢已經從工具轉變為目標。我們認為，只要我們賺了足夠的錢，我們就可以成為幸福的人，我們的日常問題就都能得到解決，我們就可以避免這樣的恐懼：我們將在沒有足夠錢的情況下走到生命的盡頭。

我們總是拖著不思考這些難以解決的問題，明日復明日。

如果我們不再推遲思考這些問題會怎樣呢？

如果我們直面死亡的恐懼會怎樣呢？

如果我們能定義「足夠」的真正樣子，以便能夠清晰而又明確地追求這個目標，那又會如何？

透過人生復盤重新定義自己

接受臨終關懷沒有什麼可羨慕的。對許多人來說，這是他們

一生中最糟糕的時刻。在過去的一些痛苦情境下，我一遍又一遍地領悟到生命的可貴。然而，往往在死亡帶來的初始衝擊消退後，一個更深刻、更豐富的身分評估和反省時期隨之而來。我們可以稱之為「人生復盤」。

人生復盤是一個整體而系統的過程，透過評估一個人的過去和現在，包括重要的事件和記憶，嘗試找到人生的意義和問題的解決方案。通常的做法是，臨終安養院的護理人員或牧師與患者單獨交談，帶領他們回顧自己的人生。他們會引導患者思考這樣的問題：我為哪些成就感到自豪？我培養過我的人際關係嗎？有什麼讓我後悔的事情嗎？

這些問題一開始可能讓人覺得很困難，令人痛苦。我的患者希拉花了很多時間和我談論她的第一次婚姻。她清楚地記得那天她走進臥室，發現她的丈夫和一個陌生女人在一起。就在她第二次流產幾個月後，她再一次體驗到心痛的滋味。

她非常憤怒，馬上拿起電話打給了律師。她的離婚迅速而堅決，他們之間沒有孩子或經濟問題。她離開了他們合租的小公寓，再也沒有回頭。

幾十年後，40多歲的她因白血病即將離開人世，她臨走前後悔自己當年衝動的行為。她當時是如此痛苦，以至於她無法換位思考前夫的痛苦。她決定給前夫打電話的那天，我也在旁邊。

他們這麼多年沒有聯繫，現在她不僅要原諒他，還要為自己當初不當的行為道歉。與生命中這個重要但遙遠的人和解後，她生命中最後的日子多了一絲寬慰。

有時人生復盤可以幫助我們理解「足夠」的確與金錢有關。雖然格特魯德已經80多歲了且身患肺氣腫，即將不久於人世，可大蕭條對她的影響一直都在。對饑餓的記憶是如此深刻，以至於她經常把錢藏在家裡的不同地方，以防困難時期意外襲來。隨著時間的推移，她的經濟狀況逐漸改善，格特魯德將這些恐懼轉移到了她的孫子孫女身上。他們的基本需求得到了滿足，但他們是否有足夠的錢去度假？能否上大學？能否過上他們夢想的生活？

　　在臨終安養院牧師團隊的幫助下進行人生復盤後，格特魯德對子孫的擔憂讓她無法安然離世。知道這些後，格特魯德的孩子們決定告知母親他們的財務狀況，以消除她的擔憂。當她看到每個孫子孫女都在「529大學基金計畫」中存了錢時，她感到一個巨大的負擔消失了。

　　對許多人來說，人生復盤是唯一可以找出他們沒有「足夠」的地方，並試圖填補空白的機會。那麼，我們為什麼要等到絕症的診斷結果出來才進行如此重要的工作呢？如果我們現在，在人生終點到來之前，有勇氣做一次人生復盤，會怎樣呢？在本章的最後，我將為你提供一些基本問題，以審視自己在馬斯洛理論各層次需求方面的不足之處。

　　但首先，我們要瞭解自己的思想和動機，再來理解為什麼即使我們有不足，我們也能感到滿足。

人生的「攀登」不是一場比賽

克服「足夠謬論」的最好方法是改變我們與「攀登」的關係。

我們可以將攀登定義為朝著有意義的目標不斷前進。「足夠」就是不多也不少。

人類似乎確實需要某種攀登。我們感到最充實和最接近自我實現的時刻不是當我們購買新玩具或獲得重大投資回報的時刻，而是當我們做有目的的事情，並渴望具有重要人生成就的時刻。

馬斯洛把這個發展階段稱為自我實現。幸福研究員則會使用「情緒健康」和「人生評估」這兩個專業名詞。布羅妮・韋爾（Bronnie Ware）在其經典著作《臨終五大遺憾》（The Top Five Regrets of the Dying）中，描述了她的患者多希望自己過著「服從自己內心」的生活，而不是活在別人對他們的期望裡。[14]

我稱之為「攀登」，更具體地說，就是努力獲得我們自己獨特的目標、身分和社會連結。

我們不應該把「攀登」當作一場比賽。我的Podcast嘉賓邁耶・費爾德伯格（Meyer Feldberg）曾在他的回憶錄中哀嘆道：「沒有終點線！」[15]沒有終點，沒有勝利的獎牌，只有一條又一

---

[14] Bronnie Ware, *The Top Five Regrets of the Dying: A Life Transformed by the Dearly Departing* (Carlsbad, CA: Hay House, 2012).

[15] Meyer Feldberg, *No Finish Line: Lessons on Life and Career* (New York: Columbia Business School Publishing, May 5, 2020).

條的路擺在我們面前,等待我們做抉擇。

臨終患者立刻意識到了這一點。他們對當下有緊迫感,因為對他們來說,沒有長期的目標可以設定。「享受過程」就實現了「足夠」。珍惜每一天,一步一個腳印,直到生命的終點。

我們也可以做到,跳下「跑步機」,開始「攀登」真正重要的事情。

死亡很容易。困難的是學習如何活著:學習如何避開損失厭惡效應和「超速運轉」的陷阱,並從內心找出激勵自我的因素。

》》 練習1：在為時已晚之前重新定義人生

1. 在下週的行程中選擇2~3天，每天騰出1小時。在此期間，找一個安靜、舒適的地方，確保關閉所有電子設備，讓身體得到充分休息，沒有饑餓感，然後集中你的注意力。

2. 閉上眼睛，想像你走進醫生的辦公室進行年度體檢，感覺很好。當你的醫生進來時，你注意到她的表情比平時更沉重一些。這時她告訴你，你只剩下一年的生命了。恐懼和驚慌佔據了你的大腦，你的身體開始微微出汗。

3. 如果你在做這個練習時感到焦慮，要知道這是很正常的。深呼吸幾次可以幫助緩解焦慮。隨著時間的流逝，焦慮感會消退，你的肩膀開始放鬆，身心寧靜。既然你的死亡時間已經確定，你有什麼想好好思考的？

4. 列出所有你認為在你離開這個世界之前要去做、要去經歷、要去實現的事情。可以參考一些常見的遺願清單，也可以參考你迄今為止的生活經歷。你有哪些遺憾？

5. 問題要具體，可以問自己這些重要的問題：
   - 我人生中的哪些關係需要修復？
   - 我還有哪些終身目標尚未實現？
   - 我沒有勇氣實現的深層需求有哪些？

- 我否認自己的需求是因為太害怕花錢嗎?
- 我一直想去哪些地方?
- 我想為我的家人和朋友留下什麼遺產?
- 我在哪些方面還沒有「足夠」?

6. 你會注意到「足夠」與特定的數字無關,至少到目前為止是這樣。在接下來的章節中,我們將探討如何利用金錢和人力資本作為槓桿,以更快地達到「足夠」。現在,只需問問自己哪裡「不夠」,並大方地回答這些問題。

7. 不要著急在一天裡解決每個問題。也許第一個小時花在思考醫生辦公室裡的那一刻,第二個小時花在問自己那些重要的問題上,第三個小時則花在探索「足夠」的定義上。

第 2 章
工作不因退休而停止

最近,我與「賺錢與投資」Podcast的一位聽眾在電子郵件中進行溝通,他講述了他最近的糾結。與許多剛接觸財務自由一門心思忙著積累財富的人不同,傑森遇到了完全不同的問題。他的債務還清了,他和他的妻子有穩定的工作。所有投資都在「自動駕駛」,財務自由近在咫尺。

但……他很痛苦。他對自己的愛好和友誼失去了興趣,連起床都成了一個挑戰。他無法理解自己的悲傷,因為他的生活進展得如此順利。他周圍的每個人都堅持認為他應該「停止抱怨,享受生活」。

當我在寫傑森的經歷時,我的思緒又回到莉茲,那個在本書引言中出現的年輕的車禍受害者。他們兩人都發現,實現財務目標後的短暫喜悅被一種無望和沮喪的感覺所取代。他們沒有變得精力充沛,而是感到迷茫,無法重現以前有目標、有方向的自己。

我對此感到驚慌失措。我瞭解金錢的憧憬對莉茲生活的破壞力，並迫切地想保護傑森，以避免同樣的悲劇發生。直到莉茲陷入昏迷，她的家人才意識到錯誤地將金錢當作最終目標的人生多麼脆弱。

然而，儘管有情感因素，這個錯誤很容易犯。事實上，我們不是都這樣嗎？我們的社會風氣讓我們從小就過於看重金錢，可金錢絕對不值得放在這麼高的地位上。我們應該更多地將其視為一個仲介，一個「借據」：讓我們能夠朝著我們獨特的目標、身分和社會連結前進的勢能。我們堆積了多少「權利」並不重要。

如果我們還沒有弄清楚在哪裡重新分配這種能量，我們就會像莉茲和傑森一樣感到無所適從。

那麼我們如何開始重新分配能量呢？

我們該怎樣幫助傑森避免臨終前的不滿足感和孤獨感？我們該怎樣超越金錢的幻景，理解更深層次的目標感？

第一步是重新思考我們如何看待金錢。我們歌頌提早退休，但很少定義退休的真正含義。畢竟，我們大多數人在收到最後一份薪水後還會繼續工作一陣子。因此，如果我們的目標是真正的獨立，我們需要消除這樣一種觀念，即當我們再也不用工作時，我們美好的人生就會開啟。

本章將深入探討當我們使用「金錢」「工作」「就業」「退休」這些詞時，我們真正在談論什麼。透過重新構建我們對這些概念的理解，我們可以停止追逐模糊的目標，使我們今後想要的生活變得明確清晰。

重新定義工作

2008～2009年的金融危機讓美國的「**財務自由，提早退休**」運動獲得了發展動力。高薪的科技員工對經濟衰退的困境和充滿壓力的工作感到絕望，努力尋找出路。他們的解決方案很簡單：透過賺錢、儲蓄和投資獲得足夠的財富，直到再也不用工作了。

> **財務自由**，是指擁有足夠收入來支付餘生的生活費用而不必受僱或依賴他人的狀態。

「讓你的錢為你工作！」

這一口號是一個時代的精神寫照。人們下意識地認為工作是壞的……是與自由相對立的。為了擺脫工作契約的奴役，許多人聽從了早期「財務自由，提早退休」愛好者的財務建議。比如錢鬍子先生（Mr. Money Mustache），這是一位47歲的加拿大人，真名是皮特・阿德尼（Pete Adeney），他於2005年從軟體工程師的職位上退休，當時他30歲。這些「財務自由，提早退休」愛好者盡職盡責地儲蓄和投資，直到他們的銀行帳戶充滿了現金，這一目標的實現沒有這些高薪年輕人想像的那麼費力。

然而，這些退休的年輕人從工作中解脫的幸福感轉瞬即逝。

面對至少50年不受工作束縛的餘生，缺乏人生方向在所難免。

像傑森和莉茲一樣,這些年輕人很清楚他們不想做什麼,但不知道如何在生活中重拾熱情。他們曾經熱衷於賺錢,但現在他們有足夠的錢了,人生的意義是什麼呢?

自己做主,對於被困在沉悶的辦公樓隔間裡的我們很有吸引力,但當需要面對現實時,就變得令人厭煩了。許多過去透過僱人減少的煩瑣家務,現在突然成為這些提早退休人員的「職責」。退休後離開有空調的辦公室去做這些你陌生又不喜歡的事情,過著清潔廁所和修剪草坪以節省開支的生活,你很難高興起來。

托尼是一位死於肺癌的退休人員,他的臨終關懷經歷就是最好的例子。在進行人生復盤時,他告訴護士,「我在一家餐館長期做洗碗工,我辭職之後,你猜我做了什麼?」

他的退休時間都花在了做飯、打掃衛生上,除此之外還有,你猜對了,在家自己洗碗。隨著死亡的臨近,他意識到在工作中保持的社會關係為他的生活賦予了意義。但在計畫退休時,他沒有考慮過這些社會關係的重要性。他已經對退休的想法如此著迷,以至於他沒有意識到「洗碗不光是洗碗」。

這與他在哪裡洗碗並沒有什麼關係,無論是在餐廳為老闆洗還是在家為自己洗。雖然都是「幹活」,但餐廳的工作不僅提供了薪水,而且提供了人與人之間的連結。

托尼和那些早期支持「財務自由,提早退休」的人都犯了同一個根本性錯誤:他們沒有理解工作的真正含義以及它在情緒健康中的重要性。

工作的本質很簡單，但很容易被誤解。工作是我們一生都在做的事情，它永遠不會停止，即使在退休後也是如此。從根本上說，工作是我們創造商品和服務的活動。無論我們為自己還是為他人做這項工作，都是如此。當我們為他人做這件事時，我們稱之為就業。如果托尼每個工作日晚上在餐廳洗碗，他就為餐館老闆提供了服務，餐廳老闆可以提供食物或其他一些基本商品或服務，例如金錢，來支付託尼的服務費用。

> **工作**，是指我們為創造商品和服務所從事的活動。就業是為別人或企業創造商品和服務的行為，通常是為了換取金錢。

在家裡吃完晚飯後，托尼也習慣洗碗。雖然這仍然是幹活，但在這種情況下，他是為自己提供了服務。作為這項勞動的交換，托尼獲得了乾淨的餐具，並且不需要再花錢僱用其他人為他做這件事。

為什麼我們自然而然地將我們為他人所做的工作歸為「壞」，而將為自己所做的工作歸為「好」？如果我們將這兩項活動的本質視為相同，那會怎樣？這樣我們就可以更好地理解金錢的本質。

金錢是仲介

人們大都誤解了金錢的概念。金錢本身沒有價值。它是一個仲介,是商品和服務的支撐,是我們為他人工作時收集的潛在能量。

當我存錢時,我正在收集幾乎可以普遍使用的「借據」。在收到洗碗工的薪水後,托尼常常去附近的便利店,用他的「借據」換取他每週的食物。他用自己洗碗的工作來換雇主提供的一種「借據」,即貨幣。然後,再用這些貨幣從雜貨店老闆那裡換取冰淇淋。

當根據金錢做出人生抉擇時,比如決定賺到一定的錢就退休,我們只是將這個仲介作為目標而不是實現目標的工具。我們欣然滿足於這種潛在的能量,這些「借據」,而不是深入思考如何利用這些能量來實現我們獨特的目標、身分和社會連結。

傑森在實現財務目標後感到茫然,這件事出人意料嗎?他已經積累了大量的潛在能量,卻不知道如何重新分配它們。另一方面,托尼直到臨終才意識到,他應該工作得更久。雖然不管哪種方式,他都在工作,但在退休之前,他感受到了更多的陪伴和連結感。

他從雇主那裡收取的錢也可以支付房屋清潔工的費用。

財務自由，但不必提早退休

雖然這些對工作和金錢的新定義使退休的定義更加清晰，但也引出了一個問題，即我們是否該為此煩惱。當你擁有了足夠的「借據」，可以滿足未來自己必需和想要的商品與服務時，退休就會到來。這才是退休，無論你是否在繼續賺錢。

難道不再工作不是最終目標嗎？

對托尼來說不是，甚至對傑森或莉茲來說可能也不是。

當談及這個根深蒂固的理念時，我們需要學習如何改變我們的觀點。目標不應該只是存夠錢就不再工作，而應該是積累足夠的「借據」並分配它們，然後最大限度地利用我們寶貴的時間，去做那些我們真正想做的事情，去做那些讓我們的生活有意義的事情。

不幸的是，這種觀念轉變有時來得太晚了。托尼在面臨死亡時，才被迫轉變了觀念。托尼最初的退休目標非常符合傳統的「財務自由，提早退休」的理念。值得稱讚的是，財務自由運動正在逐漸明確這些不可衡量的目標，「提早退休」部分正在被刪除，「財務自由，提早退休」群體內部探索的幾個子理念，讓我們更好地思考了對時間和精力的重新分配。

為了讓你開始在自己的生活中融入這些子理念，讓我們來看看「財務自由，提早退休」運動是如何開始納入慢速財務自由（Slow FI）和平穩滑行財務自由（Coast FI）這兩個子集的。

慢速財務自由

潔西嘉・林恩（Jessica Lynn）在她的網站 The Fioneers 上發布了有關個人理財的貼文。早在2019年，潔西嘉就創造了「慢速財務自由」一詞。當她剛開始瞭解財務自由理念時，她偏向「**人只活一次**」的生活方式，她一點都不節儉！雖然她像其他人一樣看到了實現財務自由的很多好處，但她擔心的是貧窮心態。

她的目標是既要學會享受當下，又要為未來做打算。最終，她採納了「**慢速財務自由**」這一生活理念。

> **人只活一次**（You Only Live Once，簡寫為YOLO），就像拉丁語裡的「活在當下」（carpe diem）一樣，意味著你應該抓住每一天，傾盡全力地過上充實的生活。

> **慢速財務自由**，是指一個人利用實現財務自由過程中獲得的增量財務自由，去實現更幸福、更健康的生活，去獲得更好的工作，去建立牢固的人際關係。

慢速財務自由避開了通往財務自由的快速道路，允許我們現在使用一些金錢，而不是等到未來，等到一個可能永遠都不會到來的某個不明確的時刻。潔西嘉建立了一個穩定的財務基礎，使她能夠在實現財務自由之前很久就放棄她沒有成就感的工作，並利用她騰出的時間追求她熱愛的事業。

雖然潔西嘉延遲實現她的淨資產目標，延遲退休，但她的生活品質大大提高了。她可以花更多的時間做她喜歡的事情。她既延遲了滿足，又過上了最好的生活。她甚至可以保留「人只活一次」的生活方式中最令人愉快的部分。事實上，她最近斥鉅資買了一輛露營車，打算花費數萬美元將其改造成一個帶輪子的迷你住宅，以便在美國各地慢慢旅行。這種大手筆開支在短短幾年前是不可想像的。用潔西嘉的話來說，「慢速財務自由早在達到完全財務自由之前就設計好了適合自己的生活方式」。

平穩滑行財務自由

財務自由的主要問題是，它通常像是一個遙不可及的目標。

計算餘生所需的金額是令人生畏的。通常，這些數字會攀升到數百萬元，讓人覺得遙不可及。平穩滑行財務自由理念是為那些覺得自己不能再延遲當下的幸福並想追求夢想的人而設計的[16]。但他們想負責任地做這件事。

平穩滑行財務自由理念符合一句諺語——種樹的最佳時間是20年前。正如我們所討論的，複利是一個有魔力的過程。我們可以利用這種魔力，在獲得能夠支撐我們的生活方式所需的確切

---

[16] Four Pillar Freedom, "What Is Coast FIRE?" June 10, 2019, https://fourpillarfreedom.com/what-is-coast-fire.

淨資產之前很久，就開始「種下」財務自由的種子。

平穩滑行財務自由是逆向工程的一種形式。使用我們將在第5章中討論的方法，我們可以計算出未來退休儲備金的規模。然後，我們可以使用複利和平均投資回報率來計算我們今天需要投資多少錢，才能增長到這個規模。雖然這聽起來很複雜，但讓我使用一些數字來舉例。

如果你每年需要花費4萬美元來過上舒適的生活，那麼你將需要大約100萬美元的投資資產才能退休。假設你30歲，想在65歲退休，你有35年的時間讓你的投資產生複利。基於5%的年報酬率（這是相當保守的），你需要在30歲之前投資18.2萬美元，才能在你想停止工作的時候成為百萬富翁。

擁有這18.2萬美元不會讓你突然實現財務自由，但投資和複利可以讓你停止儲蓄。你所要做的就是每年賺足夠的錢來支付生活費用。理論上可以在未來的35年實現平穩滑行財務自由。

慢速財務自由和平穩滑行財務自由都會讓你在實現財務自由很久之前就獲得財務自由的好處：更好地掌控生活和安排時間。

越早開始，複利的效果就越強大。如果你在20多歲就開始，你的財富就會呈指數級增長。

瞭解了這些新定義，我們能夠發現慢速財務自由和平穩滑行財務自由都在試圖解決財務自由的兩面性，是我們生活中最重要和最不重要的方面。

但怎麼可能兩者兼而有之呢？

金錢是幻景

到目前為止,我們已經使用各種隱喻來談論金錢:借據、潛能、幻景。這些詞語說明我們經常過分強調金錢的重要性,以及它在我們幸福中的作用。傑森和莉茲就是最好的例子。他們發現,實現他們的財務目標並不能提供更多的滿足感或身分實現感。此外,托尼發現當洗碗工比不工作更有成就感。

那麼,他為什麼這麼急著退休呢?

想想馬斯洛的扁平金字塔,我們需要錢來購買必需品,但金錢不足以提供更深層次的幸福感和成就感。更重要的是,我們很容易沉迷於金錢本身,而忘記它是一個偽目標。我們被金錢的幻景和財富崇拜所引起的恍惚狀態分散了注意力,我稱之為「財迷心竅」。

金錢是幻景,也是一個偽目標,一個沒有幸福感的假想目標,因為金錢不是真正的成就。讓我們花點時間瞭解一下**遺願清單**這個概念。

> **遺願清單**,是指一個人一生中希望擁有或完成的經歷、成就的彙編。

你會注意到「經歷」和「成就」這兩個詞可以與「目標」互換。沒有人將特定的淨資產數放在他們的遺願清單中,這樣做會讓人感覺違反人性。重要的不是金錢,而是金錢允許我們做什

麼。正如格特魯德・斯坦（Gertrude Stein）在《每個人的自傳》(*Everyone's Autobiography*)中寫的那句名言：「那個地方沒有什麼重要的東西。」[17]

那麼，我們為什麼要向這個偽目標禱告呢？

為什麼我們要為了銀行帳戶而放棄經歷和成就？

為什麼我們認為只要有足夠的錢，一切都會變得更好？

這些問題的答案在我發現財務自由理念的那一天，就開始在我的腦海裡縈繞。這就是為什麼我和傑森、莉茲一樣，發現了自己的財務成功是如此令人迷失方向和沮喪。我一生都專注於金錢，原因很簡單，與專注於其他與眾不同的目標相比，財務目標更容易、壓力更小，更容易被朋友和家人接受。與我的那些臨終患者不同的是，我以為我擁有更多時間來思考我更深層次的需求和願望，所以我專注於最容易實現的目標。

我成了「財迷心竅」的受害者，擺脫的唯一方法就是學會看穿它。

專注金錢正在遏制我們的成長

財務自由最初對我來說很困難。作為一名普通內科醫生，我掙扎著，試圖對抗過度疲勞，但經常以失敗告終。一次完全偶然的機會，吉姆・達勒（當時是一個陌生人）打電話請我在我的醫學部落格上推薦他的書《白袍投資者》(*The White Coat*

Investor）。

在金錢和投資方面，我一直認為自己很精明，但絕不是專家。我抓住了學習新東西的機會。

他的書改變了我的生活。我很快發現我已經實現財務自由了。我可以辭掉我的工作，再也不用工作了！手舞足蹈慶祝的衝動持續了幾分鐘，然後我開始心煩意亂。

由於財務轉型來得如此突然，我的情緒覺醒絕非一帆風順。

在發現我已經財務自由的震驚之餘，一種陌生的、意料之外的恐懼悄悄地爬上了我的心頭。隨著時間的流逝，我不受控制地陷入了深深的沮喪中。

起初，我完全不知道我為什麼會這樣。我沉浸在焦慮和恐懼中，同時為沒有感到興奮而內疚。

- 這不正是我想要的嗎？
- 為什麼我感到羞恥而不是驕傲？
- 為什麼我的感覺不是很好？

因為我掉進了一個陷阱——財迷心竅，這個陷阱我後來在傑森和莉茲的經歷中也察覺到了。對金錢的態度、擔憂和恐懼在大部分人的生活中扮演著非常重要的角色。雖然這些擔憂在我們瑣碎的生活中起到很多破壞性影響，但也起到一些保護作用。

---

⑰ Gertrude Stein, *Everybody's Autobiography* (New York: Random House, 1937).

當你孤注一擲地去實現財務自由，緊盯著你的淨資產數字時，你會把其他一切都推到一邊——你的夢想、抱負和遺願清單。你變得如此執著於財務自由這個偽目標，以至於其他一切都變得不重要了。為什麼我們不應該這樣呢？

專注於金錢很容易，因為它是可以量化的。它可以被測量和監控。金錢這個衡量標準很單一，賺錢的方式也很直接：忙於工作，發展副業，富有野心地投資。具有簡單答案的具體問題比實現目標和自我這些難以捉摸的問題更具吸引力。與臨終患者不同，我們有更多的時間來考慮這些事情。看清「財迷心竅」，就要認識到生命是有限的，就要接受這樣一個事實：我們可能會在沒有實現我們真正目標的遺憾中死去。

我們很難接受這一事實。

當我們不再有財務困擾時，財務自由這面鏡子不僅反映而且放大了所有遺留下來的不足和恐懼，這些恐懼在我接觸過的患者中出奇地一致：在目標、身分和社會連結方面的恐懼。他們擔心沒有過好這一生，擔心在遺憾中死去。

我發現，這些年實現財務自由的人也會遇到與我的臨終患者相同的人生復盤問題。唯一的區別是，對那些財務自由的人來說，這些問題發現得更早，在他們還年輕力壯的時候就發現了這個問題。我意識到金錢和財富正在遏制我們的成長，它分散了我們對真正重要事情的注意力。「財迷心竅」模糊了我們的判斷，以至於可能需要被診斷出絕症才會幡然醒悟。

我們沒有考慮這些對日常情緒健康、身分實現和生活滿意度

影響最大的關鍵人生要素：目標、身分和社會連結。這些都是宏大的概念，讓我們分別瞭解一下。

關鍵人生要素之目標

陷入「財迷心竅」陷阱中的人經常說服自己，財富是生活的驅動力。在這些人看來，沉浸在開源節流、制定預算、物質消費和投資理財中是一種樂趣。此外，在這個過程中有許多目標和里程碑都是可以量化的，這些肉眼可見的成就讓人感覺不錯。

感受到財務成功的好處後，我們會在工作和副業上加倍努力，來賺更多的錢。收入流更多成為更難實現但更讓人滿意的樂趣。我們對**淨資產**的癡迷在一瞬間變得如此令人滿意，然後我們暈了。

> **淨資產**，是指個人、公司或家庭，考慮到所有資產和負債後的總財富。

接下來該怎麼辦？我們該實現什麼更大的目標？雖然躺平、玩樂和旅行在短期內非常有吸引力，但人最終還是要過有勇氣、有目標的生活。既然我們不再受制於金錢，那麼成為最好的自己是什麼樣子的？回答這個問題讓我們第一次察覺到了金錢帶來的幻景。我們開始看到生活的本來面目，而不是一些以財富為中心

的願景。

我們意識到，還有更高層次、更重要的，與薪水無關的事情要做。

「財迷心竅」是典型的將馬斯洛金字塔分層的危險例子。忽略塔尖的需求而只專注於底層的需求似乎符合金字塔的邏輯，但往往會導致抑鬱和焦慮。我們必須能夠超越生理需求，滿足自我實現需求。這是新一代實現財務自由的人的掙扎，也是我那些臨終患者的遺憾。我們必須在實現財務自由之前思考我們的人生目標，當然也必須在我們成為臨終患者前思考。

- 你是否利用這些財富去積極地改變世界或自己？
- 你有沒有利用你的知識、資源，也就是你的資本去做一些有意義的事情？

什麼事情是有意義的完全取決於你自己。以安妮為例，她是一位退休的英語老師，在我認識她之前的十多年，她就辭去了在一所著名的城市大學的工作。她的丈夫去世了，留下安妮一人，也沒有孩子或親密的家人。在被診斷出患有癌症之前，她用書籍和雜誌包圍自己，找到了在她擔任大學老師期間從未發現的全新事業，她重新燃起了對詩歌的熱愛。她坐在熊熊燃燒的爐火旁寫了數百首詩，無視樓下街道上人來人往的喧囂。

當她的結腸癌擴散到其他器官時，她開始接受臨終關懷護理。

在我們相識的幾個月裡，她給文學雜誌社寄了幾首詩，期待發表。有些詩被接受，有些被拒絕。她這些日子在收到郵件的時刻最開心。

隨著病情的惡化，她越來越焦躁、神志不清。我會安靜地坐在她對面，讓她的看護人有片刻的休息時間。當我談到我也對寫詩感興趣時，她突然變得平靜起來。即使有點精神失常，她仍鼓勵我講述我最近寫的詩歌。

儘管她的生命危在旦夕，但她讓我下次來時務必帶一份我的詩歌給她。

安妮在睡夢中安詳地死去了。在她未完成的詩集中，有我的詩，用紅筆工整地標記，頁邊空白處有修改意見。直到她去世的那一刻，激勵她的不是擁有或實現，而是朝著一個更有意義的目標前進，這就是攀登。

她想創作更好的詩歌！

當涉及目標時，沒有對錯之分。目標可能是拯救鯨魚或救助城裡的無家可歸者，可能是學習藝術或創造現代藝術作品。上一次冒出一個讓你在床上輾轉反側的想法是什麼時候？你付諸行動了嗎？

你的目標不必是對外的，它不必是慷慨的給予。實際上，目標可以從頭到尾，完完全全是為自己的，就像本書引言裡的山姆，他總是收拾好行李，準備進行另一場冒險。你的目標可以是長期的，也可以是短期的。隨著時間的推移，它可以改變，甚至前後矛盾。只要有目標就行。

如果可以的話,請想像一下臨終前躺在病床上哀嘆自己的生活,並說:「我真的很後悔,我從來沒有精力、勇氣或時間去做……」這句話的後半句是什麼?是你自己獨特的目標。如果你能夠從「財迷心竅」中清醒過來,並運用好多餘的財富,你可以在步履蹣跚之前很久就開始追求這些富有熱情的目標。

如果你想像後仍沒有自己的答案,無須擔心,可能是時候深入研究你的身分了。

關鍵人生要素之身分

你的身分是緊跟在「我是」這兩個字後面的內容。對大多數人來說,這是指我們的職業:我是一名醫生,我是一名律師。身分通常伴隨著重要的關係:我是父親、我是丈夫、我是兒子。我們甚至可以考慮重大成就:我是奧運會運動員,是諾貝爾獎獲獎者,是某某獎項的得主。

我不是想輕視答案,但對身分的回答更像是描述事實。這些答案能回答「你的身分是什麼」,但不一定能回答「你是誰」。僅憑醫生這個身分,我無法判斷你的智力、幽默感或職業道德感。

知道你是一個父親可能會給我一些瞭解,但我無法判斷你的價值觀或你做出具體選擇的原因。

多年來,我一直認為醫生是我的身分。現在我意識到,醫生

是我的職業，溝通者這個角色才是我真正認同的身分。你是否犯了同樣的錯誤？你能避免落入這種陷阱嗎？

雖然我的夢想都與寫作或公開演講等活動有關，但我還是把這些熱愛塞給某個工作日晚上和週末。財務自由讓我意識到我的愛好比我所謂的職業更讓我充實。它們更好地定義了我在人生攀登的過程中想成為什麼樣的人。

我敢保證，你能發現你的身分中你一直迴避的部分，就是那些因為恐懼或缺乏時間而忽略的部分。如果沒有迴避，那你不會恐慌。我們的身分有時會發生微小變化，不是那麼容易明確。這可能需要一些反覆嘗試。你可能不得不對你習慣性拒絕的活動或人說「是」，自願做一些你以前從未做過的事情，或者與舒適圈之外的人交往。問自己這個問題：是什麼讓我感覺最有活力？最能活出自我？

身分會隨著時間的推移而變化，逐漸形成。沒有完美的答案。試著一遍又一遍地重複「我是」這句話，看看接下來會發生什麼。大膽探索你最大的夢想和內心，看看它會把你引向何方。

當你覺得自己知道「我是誰」時，你的目標就會變得更加清晰，自然會帶來更多的社會連結。

關鍵人生要素之社會連結

當一個人開始調整目標和身分時，自然就會產生更多的連結

感。我們會被那些價值觀與我們一致、志趣與我們相吻合的人所吸引，我們將他們視為志同道合的人。與這些人的連結，讓我們的生活更有意義，更豐富多彩且富有質感。畢竟，誰想要與世隔絕呢？

在照顧臨終患者時，這一點變得非常明顯。女詩人安妮在最後的日子裡很少休息。前來拜訪的藝術家、音樂家和創意人士令人眼花繚亂。我很確定她死時是一個「富有」的女人，但你永遠不會從她荒涼而簡陋的公寓中察覺這一點。

對安妮來說，社會連結與目標、身分並不分離。她的目標和身分帶給她社會連結。她建立了一個保護和滋養她的圈子，她可以向圈子裡的人分享她的價值觀、失敗和勝利。儘管安妮最親近的親人幾年前就去世了，但這並不影響她被愛和被照顧。血緣關係有時不如我們基於一致的身分認同感和目標感而選擇的家人和建立的家庭重要。

你覺得和誰的連結最緊密？

這是我經常思考的問題。雖然身處一個充滿愛的家庭，但我經常感到完全沒有連結。我上過大型高中和美國十大聯盟之一的大學，但我沒有團隊自豪感。當我的同學參加足球比賽和鼓舞人心的公眾集會時，我在圖書館裡埋頭苦學，為下一次大型考試做準備。

我的職業生涯也不例外。我沒有在醫生休息室待過，甚至沒有和一位醫生同事交過朋友。在社交聚會上，我避免與新認識的人談論我的工作。我盡力向周圍的人隱藏我的職業。當時的我非

常拘謹!

直到幾年後,我才意識到這種拘謹與我選擇的驕傲職業無關。

醫生這個職業本身沒有錯。我很窘迫是因為我外在的頭銜與我內心渴望的身分不匹配。我接受的教育讓我成為一名醫生,但我的夢想是成為一名溝通者。這種不匹配引起了很多焦慮。

在頓悟之後,我才意識到醫生並不是我的真實身分,並明白了不匹配的原因。我不喜歡被稱為醫生,因為我不想接受這個職業身分。當被這樣稱呼時,我沒有驕傲,也不自豪。反而,我感到孤立,感到孤獨。

只有在我放棄了醫生的角色,接受了溝通者、演講者和作家的角色之後,我才能夠建立自己的圈子。那些年在醫院聚會上的窘迫感,在我參加個人理財會議和與作家同人討論Podcast話題時消失了。我終於找到了我的圈子,屬於我的圈子。友誼開始自然而然地出現,沒有爭執。

我感受到了更深的連結感,並能夠建立一個可以滋養我的圈子,就像我滋養他們一樣。

從開診所轉到臨終安養院的工作,透過訪談和寫作與患者建立連結是一份收入更少的工作,但它給了我金錢所不能給予的價值感和目標感。學會追求這個目標是我從臨終患者那裡得到的最持久的教訓之一。

這也是最難克服的障礙之一。有些障礙,無論是有意還是無意的,都在不斷侵蝕著我們看清金錢幻景的能力,這些障礙努力

地讓我們維持現狀,讓我們從事不那麼充實的活動。在傳統職業方面尤其如此。

當心「再過一年綜合症」和「金色手銬」

在實現我們獨特的目標、身分和社會連結的過程中,很少有外部動機比「再過一年綜合症」和「金色手銬」潛伏更深的了。

這有兩個方面的原因,一種是從我們內部產生的,另一種是由我們雇主施加的,被用來灌輸恐懼和促使我們反對變化。

「再過一年綜合症」這個名字很貼切。即使在實現財務穩定或獨立之後,我們也會成為「要是……怎麼辦」的受害者。要是……

- 市場崩盤了怎麼辦?
- 房地產價格蒸發了怎麼辦?
- 沒有醫療保險怎麼辦?

緊接著,更困難的問題出現了:

- 工作之外我是誰?
- 如果現在的選擇就是最好的呢?
- 我的生活真的會失去意義嗎?

於是我們決定再做一年沒有成就感的工作，因為我們害怕。再做一年又有什麼危害呢？繼續下去有很多好藉口：額外的錢，更多的時間來計畫未來，甚至是公司的醫療保健。然後一年過去了，我們再次進行同樣的內心掙扎，沒有任何改變。幾年過去了，幾十年過去了。我們最終可能會積累比我們需要的更多的物質財富，但我們並沒有更接近更多的幸福感和自我實現。我們只是在延遲這些困難的工作。

雇主已經察覺到了我們的恐懼，並利用這些恐懼。因為他們知道更換關鍵員工並提供必要的培訓的代價是多麼昂貴。

「金色手銬」是哄騙疲憊的員工留在原地的有效方法。股權、股票、年終獎和養老金，所有這些需要工作幾十年才會生效的「**金色手銬**」都在等待著成功的員工。你怎麼能讓這麼多錢白白溜掉？

> **金色手銬**，是指雇主提供的福利，通常是延期付款，以阻止雇員跳槽或退休。

我們之前對「足夠」的定義以一個外在的貨幣目標為前提，這是對我們戰鬥到底、永不放棄「夢想」的獎勵。我們將多工作一年或讓雇主在我們面前炫耀獎金當作對自己的激勵。不過，我鼓勵你把攀登，即朝著一個有意義的目標持續前進，看作真正的

目標和更重要的工作。對你有意義的事情與你獨特的目標、身分和社會連結有關,與你的淨資產無關。

秘訣當然不是放棄我們的事業,也不是否認賺錢在我們人生目標中的重要性。但是,我們如何更好地調整職業生涯,同時忠於我們的基本目標和身分呢?

在這方面我有一個一直以來都很好用的做法,同時也是第3章的主題,那就是「做減法」。

》練習2：尋找你的身分、目標和社會連結

1. 在下週的行程中選擇2~3天，每天騰出1小時。在此期間，找一個安靜、舒適的地方，確保關閉所有電子設備，讓身體得到充分休息，沒有飢餓感，然後集中你的注意力。

2. 準備一枝鉛筆和兩張空白的紙。在一張紙的頂部寫「身分」兩個字，另一張紙的頂部寫「目標」兩個字。

3. 在「身分」那張紙上，寫下「我是……」，剩餘的空白部分寫下你對自己身分的回答。如果需要，可以對它們進行編號。你很可能從你的工作身分開始，也可能從你在關係中的身分開始，如「我是母親」「我是女兒」等。不要害怕把簡單的身分寫下來。

4. 接下來，更深入地挖掘過去的工作、人際關係和成就。可以思考：你還有什麼是別人不知道的？你在努力成為誰？你夢想中的「你」是什麼樣子的？你什麼時候處於最佳狀態？你什麼時候感覺最自我？

5. 你可以將筆放下數小時或數天，之後再繼續補充。詢問朋友或家人他們眼中的你。他們描述的與你想的相符嗎？他們是不是看到了你沒有想到的方面？

6. 現在轉到寫有「目標」的那張紙，列出你獨特的目標和夢想。如果你很難定義這些，那就想像自己生命所剩無幾，然後重新思考這個問題：我真的後悔我從來沒有精力、勇氣或時間去做……

7. 現在看著這些目標清單，為什麼這些夢想和目標對你很重要？根據重要程度排出5~10個專案，無論它們涉及事業、家庭、人際關係、金錢，還是生活中的其他領域。

8. 與無關緊要的事情相比，你有多少時間用於這些目標？你的時間使用情況是否與事情的重要程度保持一致？你可以做些什麼來糾正這種不匹配？對金錢的專注阻礙了你糾正這種不匹配嗎？

9. 最後，一起查看這兩張紙。它將幫助你想明白自己的身分和目標。你現在被哪些團體、社區和個人所吸引？本次練習中問題的答案將如何幫助你與他人建立連結？

第 3 章
「做減法」的藝術

你熱愛你的工作嗎？我敢打賭，很多人會回答「不」。迄今為止，我父母給我的重要遺產之一是他們不僅喜歡，而且熱愛自己的工作。我母親是一名會計師，她職業生涯的大部分時間都在服務小企業。如果不是因為健康問題，我想她會永遠做這份工作。我繼父將他作為醫療保健主管的成功管理經驗又投入到繁忙的諮詢業務中，所以直到今天他仍在工作。提早退休不是他們的目標，財務自由也不是。他們的薪資收入，為他們提供了足夠的財務支撐。

在許多方面，財務自由的意義不僅取決於你的收入來源，還取決於你對工作的感受，以及它是否允許你追求自己獨特的目標、身分和社會連結（無論是在工作之中還是在工作之外）。在本章中，我將分享我如何開始將財務自由視為做減法的藝術。隨著我對財務自由越來越認真，我開始減去我工作中沒有成就感或不令人滿意的部分。然後，我將做減法的藝術應用於工作之外的

生活。

　　生活也隨之變得簡單。我喜歡哪些工作？我寧願放棄哪些工作？

　　你可能會認為思考這些問題為時過早，或者更適合富人和即將退休的人，這一點我完全不同意。如果你問我在工作中學到了什麼，那就是未來是一份禮物，而不是保證。所以思考這些問題，沒有比現在更好的時間了。

當下的緊迫性

　　被診斷出患有絕症是不幸的，這意味著幾乎沒有一線生機。可能唯一積極的一點是，臨終患者完全清楚當下的緊迫性和活在當下的重要性。

　　這是一個很小但相當重要的饋贈。

　　我們中有多少人活在「一旦我有⋯⋯」的一系列想法中？一旦我有了另一半，我就會放慢工作速度；一旦我有了閒錢，我就會去度假；一旦我有了100萬元，我就會停止加班。這個清單很長，通常還有一系列相關的「一旦我成為⋯⋯」假設。一旦我成為一名醫生，我就會很高興。

　　有時我們會花很多時間謀劃一個不確定的未來而輕視當下，這樣做是完全有必要的。我在第2章中已經說過，但我還要強調一遍：「種樹的最佳時間是20年前。」我們必須考慮明天，謀劃

未來的幸福。除非我們今天接受充分且艱鉅的訓練，否則我們終有一天無法享受自己的職業；除非我們盡職盡責地儲蓄和投資，否則我們將無法享受晚年退休後的舒適。

然而，延遲滿足是有代價的。棉花糖實驗是1972年由史丹佛大學教授、心理學家沃爾特・蜜雪兒（Walter Mischel）主導的一項關於延遲滿足的研究。在這項研究中，每個孩子都面臨兩種選擇，一是可以立即得到一個棉花糖，二是等幾分鐘後可以獲得兩個棉花糖[18]。與實驗中的許多小孩不同，「財務自由，提早退休」這個群體中的大多數人都以優異的成績「通過」實驗。延遲滿足能獲得更高的獎勵，但這些人也會忘記偶爾選擇立即吃「糖」帶來的滿足感，並厭惡立即吃「糖」的後果。心血來潮的想法並不總是壞事，它也可能滋養我們。同樣重要的是，誰都無法保證我們的未來。我們可能今天就離開人世，在桌子上留給別人兩個棉花糖。

那麼我們如何分辨這兩個極端呢？什麼時候該考慮當下的緊迫性，什麼時候該考慮未來並延遲滿足？是否有可能充分平衡兩者？

讓我們來探討放大這兩個極端的概念：「人只活一次」和「機會成本」。平衡這兩個概念對於掌握做減法的藝術至關重要。

---

[18] Walter Mischel, *The Marshmallow Test: Mastering Self-Control* (New York: Little, Brown and Company, 2014).

「人只活一次」是不可能的

過去，我錯誤地信奉現代「財務自由，提早退休」群體堅持的觀點，即抱著「人只活一次」的心態不利於勤儉持家。但現在我發現自己會向任何願意接受的人重複同樣的話：「人本來就不是只活一次。」

我覺得人不會只活一次。在平均八十多歲的壽命裡，人們會經歷許多新的開始。有新的一天和新的幾十年，新的職業和新的關係。變化從未停止，我們不斷地開始或結束人生的一個階段。

我認為，當你懷著「一旦錯過這一刻，我就永遠錯過了」這樣的想法而做出經濟決策時，你就是出於恐懼和短暫的享樂主義來消費。實際上，人生的每一個新階段，尤其是年輕的時候，都會像一個新的開始。雖然智慧在積累，但新的開始比比皆是。

我過去認為，當年輕人花錢享受他們只活一次的生活時，他們最終會面臨許多新的人生問題，他們會變得貧窮，因為他們沒有準備好充分享受生活的物質基礎。想想年輕的父母或新退休的人有足夠的經濟支持來實現他們的旅程時，那才是真正的快樂。

我們不要忘記金錢是可以複利的。如果你將「人只活一次」發揮到極致，你的銀行帳戶就可能空空如也。空的銀行帳戶可不會成倍增加！但如果你在職業生涯開始時就做出犧牲去儲蓄，財富的積累速度要快得多。當你步入中年時，你將擁有足夠的資金去過比你想像中舒坦的只活一次的享樂生活。

對我來說，人只活一次是一個只關注恐懼的戰鬥口號：因為

你只活一次,你害怕在機會永遠消失之前沒有抓住它。

後來我開始照顧那些臨終患者,他們願意為一點點時間或一些更難忘的經歷捐出任何數量的錢。

我對人只活一次的態度怎麼可能不改變?

從那以後,我開始相信我們的大部分支出應該花在快樂或必需品上,而不是恐懼上。要成為做減法的大師(接下來的篇幅會描述),就要認真區分我們生活可以沒有的和不能沒有的東西。

我們總是對新的風險持開放態度,因為我們的一些資金可以在投資中複利。你的金錢應該用來擁抱美好的事物,而不是追逐短暫的東西,也不應該永遠被鎖在某個銀行帳戶裡。

當然,也存在機會成本這樣的東西,但在大多數情況下,這是一個謬論。

機會成本謬論

我們總是根據機會成本做出決策,但我們對此渾然不知。機會成本就是選擇一個選項而放棄另一個選項的代價,在此過程中,由於沒有選擇另一個選項而錯過了它能帶來的好處。你是否在財經討論區中看到某位網友因炫耀昂貴的消費而受到譴責時,只能默默「潛水」?譴責者認為,這些錢應該用來投資,複利到更高的金額才是明智的。

如果金錢是最重要的既定目標,如果你已經深陷「財迷心

窮」的陷阱，那麼這個論點是完全有道理的。我把這個誤解稱為機會成本謬論，即相信金錢（無論複利與否）的價值超過你所交換的東西。讓我們更深入地研究一下。

一種反覆出現的信念加劇了機會成本謬論：我們失去了讓錢複利增長的機會。雖然這種信念是正確的，但這種權衡並不一定值得。例如，某些經歷可能一生只發生一次，非常值得花費。

埃內斯托是一位身患白血病的中年男子，病情迅速惡化。他向臨終關懷護士講述了他攀登珠穆朗瑪峰的故事：「我之前整整一年都沒有外出用餐，沒有出去旅行！」

有些犧牲影響了他的生活方式和他的銀行帳戶。然而，當他躺在床上等待死亡的時候，想起的不是那些失去的奢侈品和失去的收入，他記得的是當他登到山頂時，感受肌肉因興奮而顫抖的極度喜悅。這筆錢花得值得。

想像一下，你的財務狀況穩定，有足夠的錢。一旦你的投資和副業賺取的收入能夠負擔你的年度開支，剩餘的錢都是額外的。會不會有一段時間，花幾千美元（你有錢的話，也可能是花幾十萬美元）對你的生活沒什麼影響？並且，房間裡掛的那幅美麗的畫，或者車道上的那輛跑車，實際上可能會給你帶來真正的快樂，持久的快樂。

雖然規劃未來並為舒適的退休生活而儲蓄，是對自己的財務負責任，但它不應該以犧牲當下的緊迫性為代價。我們必須記住，機會成本不能只計算金錢。經驗、人際關係和知識，也會隨著時間複利。作為人類，我們需要食物、空氣、住所。有時我們

還需要渴望、冒險,體驗花高價買東西。用財富換取享受和回憶並不可恥。錢本來就是用來花的。

你可以同時擁有應急儲蓄基金和及時享樂基金,這可能是協調未來與當下的最簡單方法。花錢、請假,甚至肆意妄為都可以出現在你的生活裡。這樣,當機會出現時,你可以享受意外之喜,而不是讓它破壞你所有的計畫。你可以透過隨時打包好的行李、信譽良好的銀行帳戶和值得為之奮鬥的職業,來滿足當下的緊迫性。

如果你還難以理解機會成本謬論,那是時候求助慢性病患者和臨終患者了。他們的想法是什麼?

臨終患者的遺憾

澳洲作家、詞曲作者和臨終關懷護士布羅妮・韋爾於2012年開創性地寫了一本叫《臨終五大遺憾》的書[19]。在為那些生命處於最後幾週的人提供臨終關懷和治療時,她會問這些患者:如果有更多的時間,生活會有什麼不同?最常見的答案被歸為世界上最著名的五大遺憾,即「臨終五大遺憾」。

---

[19] Bronnie Ware, *The Top Five Regrets of the Dying: A Life Transformed by the Dearly Departing* (Carlsbad, CA: Hay House, 2012).

- 我希望過忠於自己內心的生活，而不是活在別人的期望裡。
- 我希望花更少的時間在工作上面。
- 我希望勇敢地表達自己的情感。
- 我希望多和朋友聯繫。
- 我希望自己活得更快樂。

你看看上面列出的這些遺憾，是不是覺得時間緊迫，人只活一次，沒有那麼多時間考慮機會成本。例如，「我希望過忠於自己內心的生活」，這個遺憾帶著未實現和延遲夢想的不甘。如果可以，與其延遲我們的遺願清單專案，不如在為時已晚之前，在達到「一旦我有」或「一旦我成為」這些煩人的要求之前，去追求它。沒有什麼時候比得上當下。請活在當下！

「我希望花更少的時間在工作上面」道出了延遲滿足的危害。

雖然我們必須為未來做計畫，但延遲滿足還是太久了。正如第1章所指出的，我們的工作時間比以往任何時候都多，工作日晚上和週末的加班也更多，假期也越來越少。我們正被「財迷心竅」所蒙蔽，將金錢視為一個目標，而它本來只是一個工具。我們沒有利用我們寶貴的潛能來完成對我們真正有意義的事情。

第三個和第四個遺憾可能不會直接涉及金錢問題，但教訓同樣深刻。我們必須有勇氣做艱難的事情，放棄更容易走的道路，立刻去做我們可能會延遲到明天的事情。

回顧一下前文關於金錢是否可以買到幸福的討論，讓我們看

看第五個遺憾：我希望自己活得更快樂。研究人員衡量的兩種幸福類型是情緒健康和人生評估。大量研究表明，一旦我們解決了基本需求和安全需求，金錢的影響力將會變得有限。

那麼，我們領悟這些臨終遺憾後，如何活學活用，幫助我們改變或追求生活呢？我們如何理解當下的緊迫性，如何保持適度的享樂主義，而不是成為機會成本謬論的受害者？也許我們應該問問山姆，在他去世之前，他總是收拾好行李，去體驗異國風情。

他意識到自己不能帶走錢，所以他像死了一樣坦然度過了他生命的最後日子，因為他確實快死了。在我們的身體條件變得極差之前，如果我們這些處於人生中段的人能夠活在當下，那不是很好嗎？

我本可以活得快活點

在那些艱難的歲月裡，當時我正在建立事業，積累財富，支撐我的家庭，我本可以多用一點「人只活一次」的態度。我卻成為「一旦我有／一旦我成為」綜合症的典型受害者。我是一名執業醫生，我延遲了與家人、朋友一起去澳洲、莫斯科醫學院以及和孩子們去義大利的千載難逢的旅行。我延遲了滿足，忽略了當下的重要性，因為我總是忙於工作。我不知道自己正在朝著某種虛無縹緲的金錢目標前進，朝著我沒有定義好的不太可能給我滿

足感的「足夠」目標前進。我正在成為墓地裡最富有的人。

我的行李沒有打包,我無法一頭扎進突然出現的生活妙想中。

我從來沒有給自己一個放肆生活的機會,發自內心地放下未來,花一點錢來獲得即時的滿足。我父親40歲去世的事實本該讓我意識到活在當下的重要性,而現實卻是我沒有。

也許我害怕和父親有同樣的命運,對死亡的恐懼阻礙了我。

專注於累積財富比探索自己的目標、身分和社會連結等這些困難的問題要容易得多。我努力直面死亡,告訴自己,我可能下週、下個月或下一年會像父親一樣不幸離世。如果我閉上雙眼,只專注於累積財富,那麼一切都會好起來的。我咬緊牙關,糊里糊塗地從事著一個沒有滿足感的職業,因為它能減輕我對更深層次的困難問題的擔憂。

為什麼我沒有勇氣過忠於自己的生活?為什麼我這麼努力工作?為什麼我沒有勇氣表達自己的感受?為什麼我不與朋友保持聯繫?為什麼我不允許自己過得快樂呢?

我註定要落入「財迷心竅」的陷阱,卻渾然不知。直到2014年一個安靜的冬日,我的人生軌跡發生了重大變化。

在辦公室接診時,我接到了吉姆‧達勒的電話。閱讀他的書我才瞭解財務自由這個概念,我才意識到我有足夠的錢,我可以利用寶貴的時間和職業生涯去做任何想做的事情。

擺脫職業的經濟束縛幫助我發展了一種超能力,我現在認識到,無論一個人目前的財富如何,正確處理金錢和目標之間的鴻

溝至關重要，那就是「做減法」的藝術。我可以輕易地減去職業生涯中對我提升無益的所有方面。我只需要問自己這個簡單的問題：這項工作是否讓我對目標、身分或社會連結有了更深層次的瞭解？

我成了「做減法」的大師。我立即停止了工作日晚上和週末的工作，把這些工作交給別人。

然後我減少了與患者的電話溝通。誰願意經常在半夜被吵醒？

每當我減去一項不愉快的任務時，工作的樣子就會更符合我內心的願望。當我完成減法時，臨終關懷是唯一剩下的工作項目。這是我醫生工作的一部分，即使我沒有得到報酬。

這不是最好的試金石嗎？如果錢不是問題，你會留下什麼？

我並非不知道這樣一個事實，即當我成為做減法的大師時，我已經在經濟上處於非常優越的地位。多年來，醫生這個職業讓我的淨資產一直在增長，並為我提供了相當大的選擇空間。你可能覺得你無法從一個如此強大的起點開始做減法。也許你有學生貸款要還，或者正在為最低工資的工作而苦苦掙扎。然而，這不應該阻礙你在生活中好好權衡你的財務和幸福。你可能會發現自己處於可怕的境地，就像我妻子小時候與她的家人所遭遇的一樣，你會怎麼做？

1979年對我的岳父來說是毀滅性的一年。由於伊朗國家政權的動盪，我的岳父被捕入獄，因為他擔任了與前任政府有連繫的跨國公司的首席財務官。在他獲釋後，他面臨著一個令他終生

難忘的艱難抉擇：留在伊朗，被聲望、財富和家族的一切所包圍；或者離開伊朗去美國，獲得人身安全和自由。

有一天，這個家庭悄無聲息地離開了，留下了房產、銀行帳戶和薪水豐厚的工作。他們來到伊利諾州的芝加哥，只帶了幾包衣服，開始貧困的生活。我的岳父辭去了高薪的首席財務官職位，去做沒有受過高等教育的人都可以勝任的記帳員工作。我的岳母，一個伊朗富裕家庭的驕傲女主人，找了一份照顧鄰居年幼雙胞胎的保姆工作。

他們不得不成為做減法的專家。他們根本負擔不起任何非必需的東西。他們五個人沒有住在寬敞的四居室的房子裡，而是擠進了一間兩房的公寓。全新的伊朗服裝換成了舊貨店的二手衣服。在美國的第一個十年裡，他們甚至從未考慮過在餐館吃飯。

隨著經濟條件更好的朋友和家人來到美國並獲得了穩定的工作，我妻子一家發現他們被落在了後面。他們不再擁有財富和成功的外在物質標誌，而這些都是他們移民之前的標誌。當他們的親朋好友在購買賓士和寶馬時，我的岳父卻被一輛幾十年前的二手車困住了，跟親朋好友攀比的壓力巨大。

但我的岳父一家沒有屈服於壓力。他們努力存錢，最終得以搬出公寓，住進一間三房的普通住宅。我的岳父在鞋店工作時曾被槍指著腦袋，但他還是拿著微薄的積蓄，用這筆錢作為頭期款，買下一間房子。就像離開伊朗的決定一樣，他精心的計畫讓他能夠運用做減法的藝術，擺脫已經變得令人厭倦和危險的工作。這間房屋帶來的收入將在未來幾十年裡支撐他的家庭。但就

像他勇敢地做出其他決定一樣,這是有代價的。他經常不得不在半夜不顧一切地做緊急維修工作,因為他請不起員工。

我的岳父現在快90歲了,他花了很多時間回顧他的生活,就像我的許多臨終患者一樣。儘管他一直為不得不離開伊朗而感到遺憾,但他不會說這樣做不值得。把財富和聲望拋在身後,放棄實際價值較低的奢侈品,因為這些東西永遠是次要的。現在他可以看著自己的孩子和孫子成長,也擁有了自由、機會和安全,當初做的艱難決定是值得的。

「反正開一輛昂貴的汽車也沒有多好!」

在最嚴峻的情況下,你還能減去什麼來成為做減法的大師?

你能換份工作、換個城市或換種生活嗎?你有什麼槓桿可以利用?

財務自由是一個槓桿

做減法的藝術幫助我意識到財務自由不僅僅是金錢方面的。

你對自己的工作感覺如何?你靠它生活嗎?它是否有額外的意義和目標?如果是這樣,那麼即使對那些金庫不夠滿的人來說,財務自由也是可能的。如果沒有,那麼最好將財務自由視為更傳統的槓桿。

讓我們回到我父母的例子。在支付了他們孩子所有的大學教育費用後,我的父母在註冊會計師(CPA)和醫療保健顧問的工

作中賺了足夠的錢用來退休。然而，他們當時都覺得自己會繼續在職業生涯中探索。他們花了一輩子的時間來積累，創造了一個極其強大的槓桿，一個他們決定不撬動的槓桿。他們都沒有準備好結束自己的職業生涯。

但這並不意味著他們沒有選擇。做減法的藝術一直是他們做決策的依據。隨著事業的發展，他們能夠改善自己的日常生活，增添他們喜歡的東西並減去多餘的，達到收支平衡。

在我自己的生活中，隨著我的經濟狀況越來越穩定，我也經常做減法。我慢慢地放下了沒有成就感和滿足感的工作內容，然後放下那些我過去在家裡不喜歡做的事情。

例如，我不喜歡修剪草坪。然後，抉擇就變得非常簡單。我更喜歡（或更不喜歡）什麼：是在工作中做一些更單調的任務，還是回到家裡整理一個凌亂的院子？對我來說，這個問題很容易回答。

工作中有很多工序要我完成，但這些任務不像修剪草坪那麼枯燥。我的薪水可能沒有以前那麼高，但我會賺到足夠的錢來聘請草坪護理服務人員，並為其他一些我不喜歡的家務勞動支付報酬。

我知道你現在在想什麼：這個問題對你來說可能很容易，可要是我受不了我的工作該怎麼辦？

我不想提「你應該熱愛你的工作」這種建議。許多人都不熱愛他們的工作。實際上有一些研究表明，20世紀80年代以來，美國居民的工作滿意度一直在穩步下降。2010年以後，工作滿

意度有所上升[20]。但最近創紀錄的被稱為「大辭職」的失業潮，表達了美國公眾對工作的廣泛不滿。世事難兩全，傳統的提早退休可能是你的最佳選擇，沒什麼可羞恥的。這時，勤奮的儲蓄和投資變得極其重要。要想退休沒有後顧之憂，只有堅持儲蓄。

其實，我們大多數人並不討厭工作。

更可能的情況是，你還沒有足夠的錢退休，對工作感到不知所措，談不上熱愛也談不上討厭。誰不是呢？絕大多數人都一樣。

這就是著手建立通往傳統財務自由的橋樑為何如此重要。你可能不想完全改變現在的生活，但你又感受到了現實的緊迫感。那慢速財務自由和平穩滑行財務自由這些替代方案是不錯的選擇，這兩個方案能讓你的退休之路無比順滑。你可以花點時間規劃理想的資產配置，累積你的個人退休帳戶、教育基金帳戶，或等待你的孩子長大。

同時，你可以使用做減法的藝術快速提高你的生活品質。也許選擇兼職工作或放棄難搞的客戶會讓你的收入大減，讓你的退休日期推遲。但讓你的生活輕鬆一點難道不值得嗎？即使你的財務狀況尚未完全穩定，你該做何抉擇？

當我們重新思考我們與工作的關係時，我們擺脫了弱者的想法，開始掌控我們的時間。做減法的藝術賦予我們力量，讓我們

---

[20] G. Levanon, A. L. Abel, A. Li, and C. Rong, "Job Satisfaction 2021," The Conference Board, https://www.conference-board.org/pdfdownload.cfm?masterProductID=27278.

得以掌控自己的人生。

如何決定減去什麼

　　做減法的過程應該像使用手術刀而不是舞劍，設計人生是一個需要小心處理的過程。沒有經過深思熟慮，你很容易做出一個讓你後悔的決定。在當醫生時，很多次我都差點做出會讓我後悔的決定。很多次我走出辦公室，發誓再也不回來了。值得慶幸的是，經過冷靜的思考，我意識到那只是我短暫的情緒。在放棄任何工作之前，認真考慮後果是很重要的。我通常會問自己幾個基本問題。

　　這項工作是否增加了我潛在的目標感、身分感和社會連結感？當我意識到我實現了財務自由時，我的第一反應是完全遠離醫學。我對醫學的熱情耗盡了，是時候放棄它了。不是只有醫學領域的人才有這種想法，任何工作職位的人都可以感受到這些真實的情緒，可能你也感受到了。你能怪我想放棄嗎？

　　經過更深入的思考，我意識到作為一名醫生的核心，即幫助和教導，仍然是我身分的一部分。熬夜、麻煩的文書工作以及缺乏與患者相處的時間是我不想要的。我還意識到，醫學在我的身分中的分量很重。我不想完全放棄醫學，我只是想為創造力和溝通創造更多的空間。

　　怎麼權衡？生活不可能完全沒有壓力。有時候，為了追求我

們真正想要的東西，我們不得不忍耐一段時間。我們不應該僅僅因為不喜歡而立即拋棄一項活動。

雖然我一直喜歡寫作，並夢想成為一名作家，但我很討厭編輯和重寫的過程。然而，我做出了權衡，以最終實現我的目標。

儘管埃內斯托對攀登珠穆朗瑪峰大本營的回憶很快樂，但有些回憶他不想記起。他為攀登忍受了多年的訓練，每天早晨5點開始，過程很煎熬。但他清楚地知道權衡取捨，並願意做不愉快的事情，以便最終完成對他來說非常有意義的事情。

我是否使我的圈子，甚至是世界受益？多年來，喬是許多非營利性董事會的資深人士。他曾擔任過許多成功的公司和慈善機構的高層。雖然他的前列腺癌細胞已經擴散到骨頭，但他不得不取消與臨終關懷護士的會面，登錄視訊會議軟體Zoom，為一個慈善機構主持緊急董事會議。我隨口說道：「你一定很熱愛你的工作。」

他回應我說：「那些會議讓我感到厭煩！」

但是，喬知道，他的專業知識正在改變其他人的生活。他可能並不總是喜歡那些時時刻刻打擾他的乏味會議，但為慈善事業服務與他的自我認同感和目標感息息相關。

像埃內斯托和喬一樣，我們必須謹慎決定從我們的生活中減去什麼以及思考為什麼。我們必須記住，儘管有時攀登可能很艱難，但這並不代表我們要放棄重要的目標和夢想。我們不應該輕言放棄。

我們不僅應該反思我們的工作，而且還應該反思我們的支

出。

　　我花錢是為了「跟別人攀比」嗎？每月預算中有多少分配給最終對我們的生活幾乎沒有價值的物品或活動？它們可能會創造成功和幸福人生的表象，但實際上，這些物品和活動將我們直接置於無情的跑步機上。我們跑得越來越快，但沒有更接近自我實現這個目標。減去不必要的購買專案和沒什麼用的奢侈品，可能會使減少工作時長成為現實。結束了朝九晚五的工作後，我們還能完成多少對我們有益的工作？可以與家人和朋友共度多少時間？

　　儘管你可能不太擅長管理預算，但這不妨礙你在做支出預算時使用做減法的藝術。實際上，我的家庭正遭受這個問題的困擾。

　　但是，我們使用了一個叫做「無預算」的概念。

做減法和無預算

　　我們經常看到關於預算的提示和技巧，讓我們把錢花在刀刃上。因為我們中的許多人每年能賺多少錢是有限的，為了加快我們實現財務自由的速度，我們必須對我們如何花錢這件事時刻保持警惕。有幾種方法可以完成這項非常重要的任務。我們中的一些人天生就是追蹤者，喜歡使用應用程式和試算表。我們做預算，一般是每個月登錄應用軟體如 Personal Capital 或 Mint，或

者利用好老式的紙筆,逐行對開銷進行分類。我們確切地知道每一分錢的去向,並盡最大努力減少浪費。雖然這可能對某些人有用,但我更喜歡用我稱之為無預算的方法。我承認,我家裡都是一群做事沒有條理、從不做預算的人。我們家的成員似乎都有注意缺陷,完全不是像會計師那樣嚴謹細緻的風格。因此,我們必須找到新的預算方式,而不是許多善於儲蓄的人所採用的精確到分厘的預算方式。

我們解決這個難題的簡單方法是將節儉融入我們的日常習慣。多年來,我們已經養成了一些節儉習慣,幾乎不需要思考和花費精力。事實上,在很多方面,我稱之為懶惰或低耗能的預算。

你怎麼能像我們這些不做預算的人一樣不費吹灰之力地省錢?這裡有一些簡單的建議。

1. 我們很少攜帶現金,幾乎從不使用行動支付。如果你碰巧和我一起參加會議,不要指望我會在自動販賣機多花一分錢。我的錢包裡也幾乎沒錢。對一個收入豐厚、夫妻都是專業人士的家庭來說,這是難以置信的。但是,如果你沒有唾手可得的現金,也就不太可能在需要現金支付的物品上花錢。這意味著我們已經減少了自動售貨機、垃圾食品和其他計畫外的消費方面的支出,這些消費通常比必要的支出更隨意。順帶提一下,這個習慣也有助於我們保持健康,因為我們遠離了高脂肪和高糖的加工食品、飲料。

2. 我們是一個雙薪家庭,但我們像一個單薪家庭一樣生活。

從我們的薪水入帳的那一刻起，一部分薪水就會自動存入儲蓄帳戶或股票帳戶。沒有突然的報復性消費。我們要麼沒有足夠的支票，要麼支票帳戶中沒有足夠的錢。我們設定自動化儲蓄，這些儲蓄在可以取出的日期來臨之前都不會出現在我們的生活裡。這就是生活，沒辦法。

3. 我們讓孩子們自己做預算。我和妻子讓孩子們對自己的消費行為負責。他們每年獲得一定金額的零用錢。如果他們用得太快，就會自己承受後果。因此，孩子們的帳目沒出現過什麼意外。

4. 我們很少在商店購買昂貴商品，也從不一時興起購買昂貴商品，我們會等降價活動。我們的購買經過充分研究，通常在心血來潮地決定購買的日期和實際購買的日期之間有一個冷靜期。

沒有條理和不會計算並不妨礙你在消費上保持節儉和明智。對我們的家庭來說，無預算似乎控制了我們所有的支出項。它簡單、有效，並且對我們日常生活的干擾最小。

我們的「無預算」是將「做減法的藝術」順利地融入忙碌生活的完美例子。然而，總有一天，「做減法的藝術」不再抽象，它會變得不那麼難懂，而是更有必要。

永遠不要輕視工作

與幾乎所有事情一樣，這些決定也有細微差別。這個想法不是要消除灰色的陰影，而是要研究它們。我們不僅需要更加深入思考我們應該把錢花在什麼地方，還需要思考我們應該在哪些方面拒絕花錢。

做減法的藝術是一個很好的起點，但它只能帶我們走這麼遠。

我與臨終患者接觸的經歷告訴我，生命太寶貴了，不能把時間花在我們討厭的工作上。是的，如果我們想早點退休，我們可能需要趕緊結束我們的工作，但這和做一份讓我們苦不堪言的工作是不一樣的。

如果你現在從事的是你討厭的工作，那麼是時候考慮立即改變了。換個雇主繼續做同樣的工作，這可能很簡單。但如果工作本身就是問題所在，是否有其他可用的技能、熱情或資源可以助你轉向？

賽勒斯，我的臨終關懷患者之一，經歷了20年的教學生涯，因吸菸而患有晚期肺損傷，作為一名數學教師準備退休。他沒有積累足夠退休的資本，非常害怕失去擁有豐厚教學養老金的退休生活。成為高中的輔導員並執教校足球隊使他能繼續留在學校。即使在退休多年後，他仍然在比賽期間做場邊指導，直到他的呼吸問題變得非常嚴重。當在臨終前被問及工作時，賽勒斯承認他最終熱愛他的工作。

像賽勒斯一樣,你的就業問題可能會有不同的解決方案,既能提供收入,又能提高你的生活品質。這就是為什麼我們將在第二部分探討我們的個人工作和生活方式,以便你思考願意做出哪些權衡,思考哪些是決策破壞者。實現財務自由的途徑有很多,關鍵是找到適合你的道路。

》》練習3：為你的人生做減法

1. 在下週的行程中選擇2~3天，每天騰出1小時。在這段期間，找一個安靜、舒適的地方，確保關閉所有電子設備，讓身體得到充分休息，沒有饑餓感，然後集中你的注意力。

2. 閉上眼睛，想像你打開電視，得知你中了10億美元彩券。你在想是時候去酒吧慶祝了！花點時間享受一下，放鬆一下，再也不用擔心錢的問題了，你自由了。

3. 想想你新獲得的鉅款將允許你購買的所有東西：新房、新車、最新的蘋果手機。那是什麼感覺？

4. 現在睜開眼睛，打開手機裡排程的應用程式，或者在你用紙寫下的每日計畫中查看下一週安排。哪些類型的活動填滿了你的一天？

5. 這些活動中有多少有助於提升你的身分認同感、整體目標感和社會連結感？哪些活動是你害怕的？如果金錢不是問題，哪些活動你會付錢給別人來完成？

6. 仔細思考，在腦海裡減去所有不能給你帶來快樂且不必要的活動。金錢是決定性因素嗎？如果不是，是什麼阻止你果斷地放棄這些活動？恐懼？內疚？

7. 你現在已經按照自己的排程進行了以上測試,並使用做減法的藝術來使自己的排程更好地匹配更深層次的意義和目標。你獲得了什麼?

8. 最後,考慮即使你沒有中彩券,需要節省多少錢才能進行這些改變。在實現財務自由之前,有沒有辦法實現這一目標?你可以使用慢速財務自由或平穩滑行財務自由等方法更快地實現目標嗎?換工作或搬家會更好地幫助你實現目標嗎?

9. 如果此時答案尚不清楚,不要有壓力。這些不是有截止日期的問題。不時地思考這些問題。每週看看你的排程,問自己:今天可以減去什麼?為什麼要減去?

第二部分

財務自由之路
不止一條

第 4 章

三兄弟的寓言

在上一章中,我們研究了做減法的藝術。但是,如果我們誤判了真正激勵我們的東西,不知道自己真正想要的是什麼,那我們該如何決定到底要減去什麼呢?如果我們曲解了幸福的定義,那該如何設計自己的理想生活?又該怎麼知道如何定義「足夠」?

如果我們不清楚自己的內部動機,我們的最終目標就不會那麼令人滿意了。我第一次有這種體驗是在我的減肥之旅中。幾年前,我發現了一個名為「My Fitness Pal」的應用程式,它幫助我跟蹤我的飲食習慣,包括記錄每日卡路里攝取量、主要營養元素構成,甚至運動燃燒的卡路里。當我清楚地意識到自己該吃什麼時,我的體重很快就減輕了。每天,我都會驚嘆鏡子裡自己的身材變化,直到某天,我忽然意識到自己已經不再為此感到驚奇。

就在某個時點,我的頭腦變得如此習慣於我輕盈的身體,以至於不再感到新鮮。嗯,我的大腦已經習以為常。實際上,我又

開始捕捉我以前從未注意到的微小瑕疵。照鏡子開始讓我不安，我感到迷茫和困惑。當我發現這些感覺在我生活的其他方面普遍存在時，我就更焦慮了。

這就像「財迷心竅」一樣令人震驚。即使你的淨資產可能正在攀升，你也不會感到更快樂。除了資產負債表上的數字，再沒有什麼發生真正的改變了。

當你沒有明確定義目標時，你該如何衡量自己提升的幅度？當你不瞭解自己的真正動機時，你如何沉浸在成功中？

當我們在後視鏡中評估我們的成就時，我們大多數人都意識到快樂在於跨越障礙。克服絕望、制訂計畫、取得進步，才是幸福的本質。作為個體，真正使我們與眾不同的是，我們決定走的道路及其原因。那麼，我們如何利用這些知識來更深入地瞭解我們的財務狀況，以及我們生活的其他方面？

內部動機與外部動機

從前有位老人，住在街盡頭的一間小房子裡。他非常喜歡那塊通往他簡陋住所的不起眼草坪。附近的孩子們也喜歡這片草坪，而且特別喜歡將足球比賽的場地延伸到這片草坪上來。他們不停地踐踏這片草坪，興高采烈地毀掉了老人的一小片天堂。

但無論老人怎麼努力，他都無法制止孩子們的行為。他怒吼過，威脅過。他十分真誠的乞求也沒有喚起孩子們的同情心，直

到有一天，他學聰明了。他非常清楚，即使是孩子也深受內部和外部動機關係的影響，為此他制訂了一個計畫。

他給每個孩子10美元，讓他們每天在他的草坪上玩耍。他騙他們說，這對土壤有益。

孩子們喜出望外，這樣他們不僅可以擺脫老人每天的嚴厲斥責，還可以做自己想做的事，並得到金錢。

於是他們心滿意足地玩了起來。沒過多久，老人開始改變策略。

第二週，老人的策略就不同了。雖然他仍然很高興地讓孩子們在他的草坪上玩耍，但責怪他們表現不佳，只獎勵了每人5美元。如果他們表現好了，他才會考慮繼續獎勵。

孩子們有點不高興，嘴裡嘟嘟囔囔，但最終還是拿走了那5美元。他們在草坪上玩耍得很滿足，唯一不滿的就是，錢比之前少了一點。

最後，老人出絕招了。他大發雷霆，對孩子們的玩耍表現非常不滿，並且表示再也不會給他們現金獎勵了，他們必須無償這樣做。

孩子們思考片刻就憤怒起來，於是，他們聳了聳肩，跺著腳離開草坪，並發誓，他們死都不會在老人的草坪上玩耍了。

這就是經典的行為主義理論。

將外部獎勵放在應由我們內部動機去完成的任務上，往往會產生災難性的後果。這些外部獎勵形式包括金錢、聲望，甚至建立在某些數字上的自我價值感。

難怪我在減肥過程中逐漸對自己的身材感到不滿意。因為一旦我使用外部指標來衡量進步，我就失去了與我真正的內部動機的連結：保持更好的心情和健康。同樣，當涉及金錢時，我擁有的大量淨資產蒙蔽了我的雙眼，讓我沒意識到對時間施加更多控制才是我的真正願望。

獎勵不會撲滅我們的內部動機，這是在累積財富的過程中要特別記住的一點。只有當我們瞭解是什麼驅使我們的行為時，我們才能開始更充實的生活，才能在延遲滿足和活在當下之間建立適當的平衡。

但是我們如何識別我們的內部動機呢？

答案就是，無論是思考如何管理我們的財務，還是如何變得更健康，我們都要找到自己內心最想要做的事。而當有多種選擇時，哪條路才是正確的？

我這裡有一個三兄弟的寓言故事，可以給我們指明正確的方向。

三兄弟

曾經有三個性格截然不同的兄弟，他們踏上了三條不同的道路，開始了他們各自的人生之旅。

大哥最講效率，所以選擇了一條筆直的道路，因為這條路沒有浪費時間的路障。二哥特別能走，但他容易分心，他的路上有很多岔路，這讓他很難專注於手頭的任務。三弟是一個拒絕墨守

成規的人。他既不會走得太快,也不太容易分心。他只是走得很慢,不慌不忙。

大哥

作為三兄弟中的老大,他心裡有一個具體的目標,但他不喜歡這條路,他從不享受他的旅程。他把終點看作一個目的地,是他奮鬥的終點。他對到達的渴望是如此強烈,以至於他經常不吃飯、不睡覺,以便能有更多的時間趕路。

他因此遭受了巨大的痛苦,但同時也在短時間內取得了重大進展。他疲憊的身體和低落的情緒被夢想支撐著,夢想著當他到達目的地後他可以做的所有事情。如果他能更快地到達目的地,他就自由了,他可以自由地去異國他鄉旅行,或者更好的是,爬上最高的山峰。

這些夢想像發動機裡的蒸汽、汽車裡的汽油,驅使他不斷前進。

當他終於走到旅程的盡頭時,他確實享受了很長一段時間的自由。儘管這條路在精神上和身體上都對他造成了傷害,但這些犧牲是他心甘情願的。

二哥

三兄弟中的老二也不太喜歡他選的那條路。但他不像大哥一

樣有毅力、有決心。因此，他決定將他的旅程分成更易於管理的目標。當他發現自己精力不足時，他會聽從自己的內心跑去田野或山上休息。

儘管這些偏離規定路徑的旅行延長了旅程所需花費的時間，但他發現自己很快樂，而且體力得到了恢復，耐力也隨著每次中途休息而恢復。

在落後大哥多年後，二哥才到達了這條路的終點。雖然他享受自由的時間更少，但精力多了很多。

三弟

最小的弟弟比他的哥哥們慢得多，但也更加從容不迫。事實上，他享受他的旅程。因此，他沒有緊盯道路的終點，而是將這條路視為快樂的旅程。他花時間欣賞樹木和河流，感受四季變化。陽光照在他的臉上，他覺得沒必要著急。

當他終於到達目的地時，他做了一件哥哥們都無法理解的事情。他轉過身，開始往回走他來時的路。

三兄弟是很多人的縮影。他們的故事可以幫助我們瞭解自己與工作的關係，即我們如何看待自己的工作以及工作在我們的人生中扮演什麼角色。或者，他們可以隱喻我們是如何對待工作，如何處理人際關係、成就感和滿足感的。畢竟，俗話說，你做一件事情的方式，就是你做所有事情的方式。

如果他們做過我在第1章中分享的人生復盤練習，三兄弟會

報告截然不同的滿意度。大哥會展示各種成就，並為他到達目的地的速度而感到自豪，但也許會懷疑自己是否可以更享受這段旅程。二哥既不關注道路本身，也不關注目的地，而是去體驗既定道路之外的意外嘗試、旅行和各種冒險。因此，他會經常質疑他是否可以用他的錢獲得更多機會，獲得更多的經驗和來一場說走就走的旅行。

而最小的弟弟會向我們講述自己旅程中的故事，以及這條人生之路的精采和光榮時刻。他如此享受這段旅程，以至於他可能忘記了這樣一個事實，即衡量和評估最終結果也有樂趣。因此，對於三弟來說，他甚至會欣然接受在旅途中離世，就像我們在第一部分的引言中提到的波比，他會欣慰於在他商店的辦公室裡去世一樣。

那麼，你會是三兄弟中的哪一個？

讓我們更深入地研究每個兄弟的特徵，你可以思考他們選擇的道路中，哪一條最能引起你的共鳴。

選擇1：傳統路徑——前期吃重式犧牲

「他不讓我把恆溫器調到攝氏21度以上！」赫伯的妻子笑著坐在丈夫那已經空蕩蕩的床的對面。赫伯在40多歲辭掉牙醫工作後對這些事情很在意。他們存下了一小筆積蓄，將這筆錢投入股市以求增長，為近50年的退休生活提供資金。當然，他們也

做了一些犧牲。20世紀60年代初,他們從新澤西州昂貴的郊區搬到了新墨西哥州的聖菲。赫伯和妻子透過節儉、投資和**地理套利**(「財務自由,提早退休」群體也稱其為「全球套利」),將自己從不滿意的職業選擇中解放出來。他們一起謹慎地做出決定,同時權衡哪些事情(如調低恆溫器溫度)是值得的,他們用近50年的時間環遊世界,參與志願服務,以及與朋友和家人共度時光。

> **地理套利**,是指從高生活成本地區向低生活成本地區轉移。少花錢會讓你走得更遠,並加快實現財務自由。

這是大哥的路。

大哥的旅程代表了我常說的「美國夢劇本」,即努力工作和犧牲當下是通往幸福和財務自由的最快途徑。也許是因為這個想法在美國人的文化中根深蒂固,這個方法被許多最初支持「財務自由,提早退休」的人所接受,例如錢鬍子先生和「慢慢變富」(Get Rich Slowly)部落格的著名作者J. D. 羅斯(J. D. Roth)。他們成功地透過穩定的薪資收入和明智的資金管理實現了財務穩定和提早退休。

並且,這條路往往是我們這些覺得自己永遠不會熱愛工作的人選擇的道路。無論是提早退休還是特定的淨資產,我們心中都有一個目標,我們願意投入額外的時間,透過睡得更少或週末加班來實現這個目標。而付出一切勞苦是為了有朝一日我們僅憑投

資收益就夠生活了,而不用再獲取其他收入。

走大哥的道路需要迅速積累足夠的資產來建立一個安全的儲蓄。淨資產的指數級增長是透過高儲蓄率、節省和股票投資來實現的。複利的力量是提早退休的關鍵因素。儘早把省下的薪資存入養老保險帳戶,並得到雇主的匹配存入部分。

像三兄弟中大哥這種類型的人,通常都是專業人士,他們一開始透過為其他人打工獲得典型的薪資收入。雖然房地產投資或創業也可以帶來收入,但大多數醫生、律師、工程師和電腦顧問等拿薪資的白領才是走大哥道路的人。

然而,如果你認為超高收入是必須的,那就錯了。有許多低收入者也使用這種方法。他們是關注儲蓄缺口的專家,他們既努力賺取收入又努力進行儲蓄。即使薪水微薄,他們也能靠勤儉節約的生活技巧來實現他們的淨資產目標。

前期吃重式犧牲

前期吃重式犧牲是大哥使用的主要方法。顧名思義,它赤裸裸地要求犧牲,與「人只活一次」的享受截然相反。人們必須在短期內延遲當下的緊迫性,以便在將來獲得好處。畢竟,實現財務自由需要努力工作、制訂計畫,而且經常會錯失機會。

雖然理想情況下,我們既要爬山,又要同時欣賞登山路上的美景,但這條路需要一個有形的終點,並用雷射般的焦點跟蹤路線。正如我們之前所討論的,這個過程本身不會帶來更多的情感

健康,因此我們需要更好地理解我們自身獨特的意義和目標,建立堅實的經濟基礎是一個良好的開端。

> **前期吃重**,是指不均衡地分攤或分配成本、精力等,在企業成立初期或過程的開始分配更大比例的成本、精力等。

　　大哥的道路類似於駕駛大型噴氣式飛機橫渡大西洋。飛機最大的能量消耗發生在剛起飛階段,一旦進入高空開始平穩行駛,飛機燃料消耗水準就會急劇下降。

　　你一生的財務燃料規劃也是這樣。在人生早期燃燒的燃料通常會讓你在剩餘的人生旅程中前進得更快。這在你20歲出頭的年紀尤其重要。

　　不相信我嗎?

　　作為一名住院醫生,我在當地醫院兼職,並省下了1萬美元作為我們第一間房子的頭期款。幾年後,我們賣掉了那間房子並賺了錢,然後花了5萬美元投資指數基金,而這種基金收益會不分晝夜地增長。20年後,這筆資金已經翻倍增加,並且足以輕鬆地支付孩子們的大學教育費用,還綽綽有餘!這不僅反映了複利收益,也反映了複利損失,因為信貸是有成本的。如果你有教育貸款或汽車貸款,它們每個月都會以利息的形式消耗你的「燃料」。這些利息會侵蝕你的財富,阻礙你通往財務自由。還有些人帶著堆積如山的債務結束了本科教育。無論你是夷平那座山還是讓它變得更高,都會對你的財務狀況產生深遠的影響。

我妻子在大學畢業時有1.5萬美元的教育債務。因此，在年輕時，我們都在工作中投入了額外的時間，以相當快的速度還清了這筆債務，耗費了許多精力。如果沒有債務，我們就能最大限度地儲蓄退休金，並在我們職業生涯開始時開設一個應稅經紀帳戶。

我可以想像現在的你在想什麼：有什麼可著急的？為什麼不趁年輕的時候享受一下生活呢？

遺憾的是，現實是，時間在一分一秒地流走。從大學畢業後就開始走大哥那條路有一些優勢。那時沒有那麼多的重大責任壓在你身上，例如養育孩子或高昂的抵押貸款，因此你可以自由追求職業、商業機會或副業。但隨著年齡的增長，有了孩子，定居在郊區，你的時間被相互競爭的需求分解，它尖叫著以引起你的注意：你沒有那麼多時間了！

而且，年輕的時候精力也更充沛。作為一名新手醫生，我可以連續工作36個小時，而不需要一分鐘的睡眠。但現在，我需要數週的時間才能恢復狀態。

在職業生涯開始時，前期吃重式犧牲可以創造無限的可能性。它將推動你穿越平流層，為在舒適高度的滑行做好前期準備。一旦順利起飛，你就該專注於提前規劃好的目的地了。

你要往哪個方向飛？什麼時候到達？我們將在接下來的章節中詳細探討這些問題。

大哥的風險

到目前為止，大哥面臨的最大風險是有限的生命。對那些還年輕的人來說，前期吃重是一個很好的方法。但是，如果我們過分關注金錢目標，就可能會花費太多寶貴的時間去累積永遠無法滿足我們的財富。大哥必須認識到一種可怕的可能性，即生命可能是短暫的。死亡隨時可能出人意料地到來。雖然延遲滿足很重要，但大哥當下也必須謹慎分配一些時間、精力甚至金錢，來實現重要的人生目標。當埃內斯托請假6個月去珠穆朗瑪峰登山探險時，他完全沒想到，僅僅不到十年，他居然罹患絕症。如果他等到經濟更加穩定再去探險呢？如果他把這樣的計畫延遲到實現財務自由之後呢？

在大哥的道路上還有其他一些常見的陷阱，我們必須保持警惕。一個人取得的成功越多，成為極端行為犧牲品的風險就越大。在第1章中，我們討論了「享樂跑步機」及其雙胞胎兄弟「超速運轉」。儲蓄和賺錢會變得如此上癮，以至於我們可能會忽然發現，自己快速轉動輪子，但一事無成。有時，在賺錢方面屢獲成功會導致我們忘記放慢腳步，忘記用我們的錢過上及時行樂生活的重要性。不僅是大筆開支，甚至是日常開支都可能存在問題。

節儉就是一個很好的例子。靠更少的錢生活，最大限度地利用我們的資源，以及自己動手豐衣足食的生活態度，確實可以使你的財務基礎更穩固，但也有可能使你把財富看得太重。

你知道人們為了節省1美元的開銷能多麼離譜嗎？

我曾在臉書一個熱門的財務自由群組中讀到一篇文章，有一對夫婦在度假時買了一條麵包，用酒店房間裡的熨斗做吐司。他們大肆宣揚這一做法，教你外出時不必在食物上花費太多的資金。這一類做法只會導致思想「貧困」，而沒有給我們展示合理的消費安排。節儉會讓當下顯得廉價。每個人必須清楚地瞭解貧困的生活是什麼樣子的，並盡力避免它。明智的資金管理不一定是痛苦的，因為這樣可以削減很多不必要的支出。

那些走大哥道路的人非常喜歡且追捧極簡主義。擺脫不必要的雜物和保持簡潔的生活理念聽起來非常吸引人。但重點是，這種生活理念的核心是簡單。我認為，我們現在把擁有更少與使生活更輕鬆、更易於管理混為一談了。擺脫一切並不能解決我們所有的問題，甚至不能解決任何一個問題。它不會幫助我們更接近和理解我們個人獨特的目標、身分和社會連結。

收入很高，但還是破產了

提醒一句：一個人僅在職業生涯早期獲得了高收入，並不意味著他在大哥這條道路上暢通無阻。前期吃重式犧牲不僅需要預先投入大量燃料，還需要在整個旅程中明智而有遠見地使用燃料。

雖然賺很多錢可以為你的旅程提供燃料，但不能保證你會變得富有或實現財務自由，你仍然需要努力工作。在我作為醫生的

職業生涯中,我身邊有好幾個高收入的朋友瀕臨破產。他們深陷於債務困境,再多付一筆錢就會讓他們的空中樓閣在腳邊轟然崩塌。

雪麗為自己成功的整形外科職業感到自豪。她白手起家,並覺得自己完全值得拿50萬美元的月薪,而這些錢都是她從診所的每月收入裡擠出來的。雪麗一家定居在上流社區,她為家人購買了很多符合上流人身分的高檔時裝。但在這樣做的過程中,她的生活水準遠遠超出了她的經濟範圍。她抵押了她能抵押的全部。她的三個孩子上了最昂貴的私立學校,他們帶著最昂貴和最新款的裝備參加了精英夏令營。她擁有所有富有的表象,但如果看看她的財務狀況,你就會知道,她實際上已經破產了。雪麗的儲蓄率是驚人的-10%。她每年透過信用卡、房屋淨值額度和個人貸款的借款超過收入的10%。她沒有投資,也沒有完完全全屬於自己的房產。她的淨資產狀況十分糟糕。

那你覺得她是怎麼支撐這種生活的?

她最常用的方法是在資金一入帳時,就從公司帳戶中提領現金。她經常讓會計師提前預支自己的薪資支票,同時延遲支付員工每半個月發一次的薪資。當公司現金流出問題時,她就打電話給當地銀行提高她的信貸額度。

最終,她不得不動用自己的企業年金帳戶,挪用孩子們的大學基金,並向她的辦公室經理借錢。但經理的收入只是雪麗實得工資的1/10,而這筆1000美元的借款被她用來支付了孩子保姆的薪水。

她似乎總能找到收支相抵的方法，直到這個平衡被打破。乳房 X 光檢查顯示她的乳房有腫塊，最終被診斷為癌症。手術和化療需要整整一個月的時間，這成為意料之外沒有薪水的一個月。她的長期失能收入損失保險在 90 天後才生效，這讓雪麗幾乎沒有什麼錢可以支付自己的醫療費。

　　由於沒有收入來源，她的個人和商業債務不斷增加，雪麗關閉了她的診所並申請破產。不過她很幸運，她的癌症被治癒了，因此沒有成為我的臨終關懷患者，但她的故事常被我用來警示那些喜歡跟別人攀比的人，提醒他們打腫臉充胖子是有風險的。高收入不等於高淨資產。

　　在經濟大衰退之後，財務自由運動發生了很大的變化。守舊派更感興趣的是累積創收資產，儘快退出職場。大哥的路以「成功之路」著稱，幾乎沒有可行的替代方案。

　　而新一代的財務自由追求者正在挑戰傳統教條。雖然老一輩人更迷戀淨資產，但許多年輕加入者對犧牲的興趣要小得多，在職場磨練幾十年對他們來說沒有吸引力。他們想享受當下，而不是在對遙遠未來的想像中涅槃。他們從小就看到了「人只活一次」生活理念的好處。

　　對他們來說，二哥和三弟的道路更具吸引力。

選擇2：被動收入和副業

二哥選擇將財務自由定義為被動收入流和**副業**創造的收入足以滿足日常需求的狀態。這種選擇不是基於儲蓄和複利投資，而更多的是基於房地產或企業家精神。

> **副業**，是指一個人在主要工作或收入之外的賺錢手段。

通常，二哥的職業生涯始於一份普通的工作。然而，與普通員工不同的是，他把工作日晚上和週末的時間都花在副業上。儘管副業在開始時需要大量的精力，但隨著時間的推移，這些副業專案需要花費的時間和精力越來越少。隨著副業的建立和收入的增長，額外收入通常會超過本業的薪資收入。

為什麼繼續當雇員而不是當自己的老闆呢？

莎莉妮是一位房地產專家。在多年的住宅房地產經紀人工作中，她獲得了創造自己副業的必要技能和知識，即透過投資商業房地產來建立自己的被動收入流。儘管她多年來一直在累積額外的儲蓄，但在被診斷出患有多發性硬化症（一種使人衰弱的神經系統疾病，通常會導致數十年殘疾）後，她才購買了她的第一間投資用房產。此時建立多種收入來源變得更加重要，因為她知道，將來她可能沒有為客戶服務所需的體力了。如果她擁有投資用房產，就算她失業或健康狀況惡化，她每個月依然能獲得可行的收入來源。

辭去工作是她的一個意外收穫。雖然她的存款在初始階段幾乎完全耗盡，並且無法購買新房產，但月收入沒有中斷，並且還為她提供了比以前更加愜意的生活。如今，在擺脫了傳統朝九晚五工作的限制以後，她能夠花更多的時間照顧自己，進行物理治療以避免肌肉和骨骼出現問題，並且趁著身體還健康的時候去旅行。

當多發性硬化症讓她越來越虛弱時，她聘請了一位房地產經理來處理日常決策。雖然每月的薪水無法減輕她健康方面的毀滅性變化，但額外收入為她生命的最後幾年提供了舒適的生活保障。

像莎莉妮一樣，房地產投資者是走二哥那條路的一個典型例子。他們累積財產，用租金收入養活自己。他們幾乎不需要精力去維護自己的每月收入，甚至還可以透過合理避稅來提高收入。

二哥之路的其他例子包括Podcast、數位企業家以及YouTuber和社交媒體上的紅人。

雖然這種路徑選擇的顯著優勢是將被困在辦公室隔間裡的時間最小化，但你要是覺得這條路沒有什麼犧牲，那你就錯了。在初始階段，創造被動收入流是一項非常艱苦的工作。副業可能會令人沮喪，讓你感覺像是在浪費時間。因為最初的種種艱辛，讓許多人放棄了自己的副業。但是，將自己的目標、身分和社會連結與這些副業專案保持一致，可以減輕一些沮喪感。因為，如果是為了自己打工而不是為了那些不露面的老闆，那麼每天的磨練就更容易忍受了。

價值與值得

格魯普斯・馬克沁斯（Grumpus Maximus）在他的書《黃金信天翁》(*The Golden Albatross*)中介紹了「價值與值得」的概念[21]。雖然他使用這個決策框架來計算養老金的價值增長是否值得延長一個人的職涯，但當涉及被動收入和副業時，計算基本上是相似的。

正如我們將在第7章中討論的，我們活在世上的可用時間是恆定不變的。然而，我們如何使用時間完全取決於自己。我們真的想為自己創造更多的工作量嗎？我們是否想把朝九晚五工作之外的所有清醒時間都花在試圖建立被動收入來源的副業上？

患有多發性硬化症的房地產投資者莎莉妮的事例有助於回答這些問題。從住宅房地產經紀人轉變為擁有副業和租賃性商業房地產的人，對她來說，空出的時間和精力是非常值得的，因為她最終是依靠被動收入生活的。然而，她的成功來之不易。

莎莉妮最初的計畫是購買並轉手房屋。但在她的第一個項目開展的6個月後，她決定認輸。因為她負債累累，不僅跟不上計畫，還無法專注於她的主業。對她來說，很明顯這個項目不是一次成功的嘗試。她的轉手房屋項目帶來的價值並不值得，她賺的錢並不能彌補她額外增加的痛苦和沮喪。

而她的第二個嘗試項目商用房地產，則是一個完全不同的故事。在你選擇二哥那條路並開始追求副業之前，請認真思考一下莎莉妮的故事。開展新業務創造的價值和收入，是否值得你承受

相應的擔憂和麻煩？

最後，如果你希望追隨二哥的道路，你的目標應該建立在為你自己和你的家人考慮的基礎上。儘管叫作被動收入，但這些項目絕不是被動的，尤其是在剛開始時。事實上，我們也許應該改個名字！

被動收入真的是被動的嗎

我們喜歡使用「被動收入」一詞，因為它是財務自由群體的招牌。這個概念是指一個人在短時間內建立了一個永續的賺錢機器，然後在未來幾十年內從中獲得收益。這聽起來妙不可言，因此這也應該立即引起我們的警覺。儘管我們中的許多人在成長過程中都相信世上沒有免費的午餐，然而，我們卻希望這次情況不同以往。

那麼，是童年的教導說得對，還是被動收入真的是被動的？

我不否認存在可以維持健康生活方式的副業、買賣和投資。

更重要的問題是，我們應該花多少時間來維護它們。需要無數小時精心維護的被動收入不再是被動的。無論出於何種意圖和目的，這都是一份換取薪資的工作，一份沒有協力廠商承擔，而是完全由自己承擔責任和義務的工作。

㉑ Grumpus Maximus, *The Golden Albatross: How to Determine If Your Pension Is Worth It* (Glen Allen, VA: ChooseFI Media, 2020).

在這種情況下，我想引入相對被動指數這個概念。有些賺錢機器比其他賺錢機器需要更多的精力去維護。贏得彩券或獲得家庭遺產可以創造真正的被動收入。這些事情幾乎不需要付出任何努力，就可以立即讓一個人實現財務穩定，這是大哥那條路的捷徑。

但這些事情也相當不切實際。

股市也是取得被動收入的好地方。這是前期吃重式道路，在這條路上的人積累現金去投資，然後依靠投資收益生活（正如我們在前文所討論的）。但具備一定知識和技能後，你的平均投資組合每月只需幾個小時的時間即可維持。

房地產、微型企業、網店或其他形式的數字創業專案則完全不同。這些努力可能需要投入大量時間，並且可能與任何一種給人打工的工作充滿一樣的焦慮和壓力。無論我們多麼頻繁地提到提摩西・費里斯（Tim Ferriss）的每週四小時工作制，但對大多數人來說，這種工作永遠不會實現。[22]

我經常聽到非常成功的房地產投資者、年收入六位數的線上銷售專家以及我在「賺錢與投資」Podcast 上採訪的身家百萬美元的部落客表達同樣的觀點。早在我們看到他們目前的成功之前，他們就在用鮮血、汗水和淚水為自己的收入而戰。

當我們看到一個人的成功並假設他的奮鬥之旅從一開始就是被動的時候，我們犯了一個嚴重的錯誤。諷刺的是，真正實現「被動」的訣竅還是我們的老朋友：前期吃重。我們所說的被動收入實際上在前期投入了大量時間和精力，只是現階段已經處於

「自動飛行」的狀態。

　　由於這些原因，我認為我們最終應該放棄被動收入的概念，代之以額外收入，它是一個更準確的描述。房地產投資者花費數年時間累積相關知識，購買和管理房產，並在進入更被動的角色之前建立了投資系統。企業主、顧問和作家經常長時間工作，積極追求他們的短期目標，以確保成功。

　　被動收入，嚴格來說，可能並不真正存在。無論你是投資股市的大哥，還是冒險從事副業的二哥，你都必須努力工作。正如古老的諺語所說的：「天下沒有免費的午餐。」

　　在被動收入專案可能是工作密集型的事實之外，我們還必須意識到它們具有一定的固有風險。作為房東，我經歷過很多次這種固有風險。我的出租房屋出現了蟑螂、老鼠，甚至有吵鬧鄰居的困擾，這使得我的公寓無法出租。我花了數千美元對意料之外的事件進行修復，我更換了暖房設備，並且由於新冠疫情大流行，房屋還空置了一陣子。如果你是一個小小的創業者，那麼你可能會因為一場自然災害，房屋過剩，或者YouTube演算法的變化，就被踢出就業市場。

　　出於這個原因，二哥的道路適合冒險者和企業家，擁有自由精神的人，以及那些超越傳統就業方式並且不追求工作穩定性的人。如果你更擅長為自己工作而不是為別人工作，那麼，這應該是你的選擇。

---

[22] Tim Ferriss, *The 4-Hour Work Week: Escape 9–5, Live Anywhere, and Join the New Rich* (New York: Crown Publishers, 2009).

選擇3：熱情人生

追隨三弟道路的人對奮鬥人生不感興趣。他們認為自己可以沿著馬斯洛金字塔一路攀登，同時追求豐富多彩的工作。如果他們的工作既能提供充足的現金來滿足基本生活需求，又能獲得目標感、身分感和社會連結感，那麼就沒有必要等待複利。我稱這種方法為「熱情人生」。

將熱情人生視為一條可行的道路，是一個職場人可以做出的最具爭議的選擇。從某種意義上來說，這條路徑將完全重新定義財務自由。這條道路不專注於淨資產目標或月收入，而是將財務自由定義為「主要透過有意義的活動來充實生命，同時賺了足夠的錢來生存的能力」。既然我們一生都在做某種工作（無論是為了錢還是為了我們自己），為什麼不花時間做我們喜歡的事情並獲得報酬呢？

還記得第一部引言中波比的故事嗎？他對大卡車的熱愛為他的職業生涯注入了熱情和興奮。他每天早上迫不及待地想進入辦公室，在交易頁面上搜索市場上的最新款式。在臨終之前，他最大的遺憾是無法繼續他之前的工作。他很少被錢所困，因為他心愛的事業總是能提供足夠的錢。

波比既沒有耐心透過前期吃重式犧牲來積累資產以實現財務自由，也沒有被動收入提供每月補充收入以實現財務自由。像追求熱情人生的三弟一樣，他使用了自己所擁有的最基本的資源：人力資本。他投入了自己的時間和精力，為自己的工作注入汗水。

而這給他帶來了快樂。

工作的樂趣

有些人會說安吉爾是幸運的,而有些人深表懷疑。從大學輟學後,他在叔叔的古董店做兼職。他整天都在翻新損壞的傢俱,和客戶愉快地聊天。一天早上,一個少年走進來,拿出幾美元買了一張前幾天一位客戶留下的各式各樣的棒球卡。隨後這個少年(後來成為安吉爾的第一位員工)拿出一份價格指南,這張棒球卡的估價是他剛剛購買的價格的兩倍。

安吉爾被迷住了。

在接下來的幾個月裡,他買賣棒球卡,意想不到的成功使他接手了叔叔的生意。這家小古董店成為附近孩子購買、出售棒球卡的中心。在接下來的幾十年裡,安吉爾會指導經常光顧他商店的青少年。安吉爾的現金流穩定,足以供養妻子和日漸長大的女兒。雖然沒有太多額外的錢,但這些也足夠生活了。

安吉爾熱愛他的生活和工作。

在因胰腺癌入院後,他無法維持商店的運轉。事實證明,安吉爾本人和棒球卡的命運相似。此後不久,他就去世了,除了已經擁有的東西,他從不奢求更多。他的妻子對他的離世感到十分悲傷,我記得淚水從她的臉上掉下來,她的嘴角控制不住,但勉強擠出笑臉,說道:「他熱愛那些卡片!天啊,他非常熱愛那些卡片。」

安吉爾和波比的人生都遵循一句箴言，我相信你以前聽說過：如果做自己喜歡的事情，你的一生就永遠不必工作。

雖然許多選擇三弟那條路的人都遵循了這句箴言，但理所當然地假設每個人都會有這種充滿樂趣的人生是不明智的。事實上，我認為實際情況正好相反。很少有人能夠將他們的熱情轉化為全職工作。

但是，這是否意味著三弟的道路是不堪一擊的？

雖然我在擔任臨終關懷醫生期間遇到了許多像安吉爾和波比一樣的人，但人數似乎每年都在減少。雖然我不會完全忽視這條道路，但當我審視「熱愛工作」神話時，熱情人生的困難變得清晰起來，這個神話可能是當今職場中最具破壞性的力量之一。

「熱愛工作」神話

依靠自己所熱愛的東西謀生是非常困難的。「熱愛工作」神話認為，熱愛是工作中不可或缺的一部分，這種神話在過去幾十年裡已經滲透美國文化，並且有理有據。我們在工作上花費的時間和精力比以往任何時候都多。我們在工作日晚上和週末休息時經常被手機無休止的提示聲打斷，提醒我們收到了一封新的電子郵件或訊息。工作已經成為我們生活中越來越重要的一部分，我們最好學會享受它。

雖然這個理由聽起來很有吸引力，但許多人發現「工作永遠不會愛我們」。我們不太可能總是喜歡朝九晚五的工作、所有的

同事或每個工作專案。工作總是要求我們放棄我們偶爾想要參與的活動。除此之外，工作中總會有挫敗感。

儘管社會鼓勵我們以做自己喜歡的事情為生，但這並不容易。我們看到職業的倦怠程度在不斷上升，工資停滯不前，工作與生活的平衡被打破。許多人找不到自己熱愛的工作，或者相反，當他們賺的錢無法維持自己的生活時，他們感到沮喪。

即使你知道什麼類型的工作能給你帶來快樂，但仍然有幾個障礙。首先，失敗可能是毀滅性的。正如安吉爾被診斷出患有胰腺癌一樣，1994—1995賽季美國職業棒球大聯盟的罷工導致棒球卡市場崩潰。當安吉爾不得不下架產品時，他痛苦萬分，而與此同時，他的病情隨著化療的推進越發嚴重。

此外，對工作的熱情也會破壞家庭和睦。為了隨時收到新送來的卡車，波比經常長時間待在他的辦公室，因而錯過了與妻子的晚餐。妻子早他幾年去世，一想起他們彼此分開了太多時間，波比就會更加痛苦。

「與工作結婚」擠佔了我們維繫親密關係的時間。三弟類型的人經常在這些相互競爭的需求之間掙扎，但他們往往在這兩個需求上都失敗了。

安吉爾和我都有一個壞習慣，並且直到今天它仍然困擾著我。我們都放棄了假期和享樂，因為我們害怕離開我們的工作。

對他來說，是商店；對我來說，是忙碌的診所。安吉爾在他最後的日子裡經常表達這種遺憾。他感到遺憾的是，他的熱情並不總是延伸到他商店的四堵圍牆之外。

將你喜歡的東西變成職業的另一個風險是，隨著時間的推移，你可能會越來越討厭你的興趣。為我們內部動機去做的事情而獲得外部獎勵可能是災難性的。

　　我在醫學培訓期間感到的倦怠是醫生職業普遍存在的問題，但這種倦怠也可以在其他具有公民意識的職業人員身上看到，例如教師和員警。與那些深受「熱愛工作」神話其害的人相反，這些專業人士不會對他們的工作產生仇恨。相反，他們遭受了道德傷害。㉓他們不斷被要求做出決定，但他們的決定往往不是根據他們認為的最好的一面做出的，而是根據專業領域中最有利的一面做出的。

　　第3章提到的轉為中學輔導員的賽勒斯老師，也面臨著類似的問題。隨著學校數學課程發生的許多變化，他不能再使用他認為的最合適的方法進行教學了，而他的退休金情況又使他很難從這份工作中解脫出來。他的財務狀況使得他幾乎不可能辭職。但他感到自己很幸運，有機會在職業生涯中期從數學老師轉為輔導員和教練。許多人卻沒有這麼幸運。

　　對於那些以熱情人生為職業生涯的人來說，他們的道路上還有其他幾個障礙。在三兄弟中，三弟對金錢和物質財富的看法最天真，他覺得從工作中獲得的成就感應該足夠了。雖然這個想法一開始很誘人，但它會導致幾個後果。

　　當你遭遇意外時，缺乏物質財富可能是致命的。如前所述，意外包括對工作失去興趣和熱情，在工作中受到傷害導致無法承擔關鍵職責。雖然一份好的失能保險（在下一章中討論）可以降

低傷害，但對於興趣疲勞這個問題，沒有任何作用。

對許多與我共事過的醫生來說，學生貸款的巨額債務嚴重影響了他們離開醫生職業的能力，即使他們對這個職業的興趣已經開始減弱。

避免三弟之路的風險需要好的建議、合適的保險、長期的規劃，以及認識到即使是理想的工作也無法完全滿足我們對目標、身分和社會連結的需求，我們還需要人脈和經驗。

除了這些擔憂，三弟的道路尤其適合夢想家、自由精神者、音樂家和藝術家。哥哥們經常羨慕三弟選擇的那條路，因為錢似乎不再是日常生活的驅動力。

這聽起來不是很不錯嗎？

我選擇了前期吃重式犧牲

說到財務自由之路，除了大哥選擇的前期吃重之路，我從來沒想過別的道路。我的父母是專業技術人士，他們同時擁有多個高級學位。我從小就在接受高等教育和學習生活技能的期望中長大。在沒有清晰規劃專業道路的情況下，我甚至從未考慮過離開大學或研究所。

㉓ Andrew Jameton, *Nursing Practice: The Ethical Issues* (Englewood Cliffs, NJ: Prentice Hall,1984).

由於我最早的夢想是成為一名醫生，所以從某種意義上說，我認為我也在追求熱情人生。但從我職業生涯的一開始，我就意識到，從長遠來看，興趣不會支撐我在職業道路上走得長遠，在半途產生倦怠感卻更有可能。因為我投身於一個要求苛刻的工作，而它需要我犧牲無數個工作日晚上和週末。我從來沒有考慮過其他職業，也不想用更人性化的方法來實現我的目標。相反，我甚至加倍努力，利用我的專業技能參與了幾個副業，以獲得額外的收入。我開始癡迷於在盡可能短的時間內創造財富的想法。

同時，我開始意識到寫作、公開演講和其他形式的交流更符合我真正的人生意義和目標。我小心翼翼地涉足這些活動，但拒絕一頭栽進去，我也從未考慮過將這些活動變現。我把金錢和興趣分開，就好像它們是油和水一樣不相容。我告訴自己，學醫是為了賺錢，交流是為了快樂。

我錯了嗎？

我的觀點非常具有代表性，它不僅代表我個人的成長經歷，也代表我們這一代人的成長經歷。對我來說，作為「X世代」的一員，在工作中有所犧牲的想法並不少見。在某種程度上，我相信千禧一代和「Z世代」在工作與生活的平衡方面做得更好。並且，在追求自己的熱情人生時，他們無所畏懼。

現在回想難免有些「事後諸葛」。我不確定我可以堅定地說，如果我有機會重新開始，我會以不同的方式做事。雖然當醫生肯定會面對一些不舒服的時刻，但這並不全是壞事。我在醫學院學習和當住院醫師期間獲得的技能，使我能夠深刻地影響他人

的生活。這是一個十足的特權。

我也從經濟穩定中受益匪淺,如果沒有當醫生,這是不可能的。這些年來,醫生職業使我能夠儲備資金進行投資,並有能力建立一個經得起時間考驗的穩定的財務規劃。與那些依賴被動收入或把興趣變為職業的人不同,我相信我的財務狀況更加穩健,我透過預先取得的資產(股票和債券)獲得收益。即使這些資產不再能賺到額外收益,我仍然擁有豐厚的本金。

它們有價值。

我個人覺得,建立其他被動收入來源和副業是一項困難的任務,它們往往會帶來很多工作量,但回報低於預期。

對於這個問題我也認真思考了很久,如果像三弟一樣追求自己的熱情人生而不是去醫學院,我是否會快樂。或許,我本可以畢生致力於成為一名作家、廣播名人或公眾演說家。雖然這聽起來很美妙,但我們經常忘記,在白日夢裡漫步時,充滿熱情並不能自動帶來穩定的收入。

如果我能力不夠,無法用創造力養活自己怎麼辦?

傳統的財務自由之路有一個被忽視的好處,即退休後人們可以毫無保留地追求熱情人生。你可以陶醉於這個過程,而不必擔心不好的結果。你可以失敗得一塌糊塗,而沒有後顧之憂。

我不希望謀生的壓力影響我的熱情,因為我擔心它會變得像任何其他我不感興趣的工作一樣。前期吃重適合我,但並不適合所有人。

有些人會強烈感受到當下的緊迫性,以至於前期吃重的想法

變得令人厭惡。這些人對每天朝九晚五在辦公桌上拚命工作感到厭煩。對他們來說，被動收入或熱情人生可能是正確答案。

你不必在金錢和熱情之間做出選擇

雖然我們在前面的章節中進一步描述了三兄弟的選擇，但現實要複雜得多。現實中有成千上萬條道路，金錢和熱情甚至可能有交集。我們經常忘記，我們可能會在生活中或職業生涯的不同時期，從一條道路跳到另一條道路。因此，從長遠來看，我們不必在金錢和熱情、犧牲和快樂之間做出取捨。

根據實際情況的需要，我們可能會在戰術上決定在短時間內延遲滿足，在某一個時間段**擁抱困境**，透過犧牲獲得經濟利益。

> **擁抱困境**，是指主動接受或欣賞極其不愉快但對前進來說是不可避免的事情。

或者，我們可能會暫時停下來，離開那條通往金錢目標的道路，轉向另一條道路以追求熱情與快樂。人生中有無數的可能性，關鍵是要帶著意圖和明確的目標來駕馭這個選擇的迷宮。

我們可以將「非此即彼」替換為「兩者兼而有之」。

許多人在年輕、精力充沛時，選擇長時間從事沒有個人成就感但能獲得高收入的工作，提前做出犧牲並累積財富。後來，當經濟狀況更穩定時，他們接受薪資大幅下降，從事一份可以讓他

們探索自己熱情的工作。他們可以根據需要來回切換。而二哥的多路徑法也不容小覷。在我擔任主治醫生的早期,我開始了線上銷售藝術品的副業。這不僅提供了額外收入,而且它還是我熱愛的事情,此外,它可以與我的醫生工作互不衝突。

臨終患者教會了我對這個過程進行深入思考。向當下的緊迫性致敬,並計畫未來。歸根結底,情感幸福和自我實現必須與財富同步,而不是「階梯式」實現的方式。你不會想要等到確診絕症之後才去追求對你來說真正重要的東西。

金錢或熱情只能選擇其一,是一種錯誤的二分法,我現在才意識到這種二分法可能會讓我付出沉重的代價。

如果我像父親一樣英年早逝,我會錯過很多,比如,演講前在座無虛席的禮堂裡緊張又激動的心情,以及當我開始主持Podcast節目時,麥克風放在我面前的興奮。我會成為臨終關懷護士布羅妮・韋爾又一個採訪對象。

- 我希望過忠於自己內心的生活。
- 我希望花更少的時間在工作上面。
- 我希望自己活得更快樂。

為了避開這個陷阱,我們現在必須更有意識地權衡每個兄弟的道路,知道它們的積極方面和消極方面。這就是為什麼在下一章中,我們將開始梳理你的財務狀況。這樣無論你面前有多少未知情況,你都會做好準備。

》練習4：尋找適合你的財務自由之路

1. 在下週的行程中選擇2~3天，每天騰出1小時。在此期間，找一個安靜、舒適的地方確保關閉所有電子設備，讓身體得到充分休息，沒有饑餓感，然後集中你的注意力。

2. 想像一下，你剛剛大學畢業，找到了你夢寐以求的工作。你的家人喜出望外。這會是什麼工作？

3. 這份新工作的哪些方面最令你滿意？是工作本身的樂趣嗎？是自主決策和自由的工作時間，是晉升的空間還是不菲的薪資？

4. 列出你喜歡這份新工作的原因，並按重要性排列。這一步要具體描述，確保你認識到這份工作的哪些特徵非常適合你。你是為自己工作還是為他人工作？慢慢思考，完成此清單可能需要幾天時間。

5. 現在為你當前的工作創建相同的列表。這份工作符合上述列出的特徵嗎？你是否對這兩個列表的差異程度感到驚訝？如果是這樣，請不要擔心。通常，我們的夢想工作是現實工作的理想化版本。

6. 現在試著弄清楚哪個兄弟的財務自由之路最符合你的願望清單。大哥之路會看重高薪和快速晉升，但不太考慮享受日常的工作。

7. 你像二哥嗎？他高度自我激勵，重視自由的工作時間表，並覺得壓抑的工作環境是束縛和限制。他通常不喜歡被告知該做什麼。房地產投資或創業聽起來很誘人嗎？

8. 你認同三弟嗎？你對你所做的事情充滿熱情，即使你沒有得到報酬，你也會繼續下去。你可能很有創造力，是音樂家或藝術家。

9. 應用你從這些路徑中學到的知識來評估自己的工作環境。換一份工作你會更快樂嗎？你現在選擇的道路是不是一條適合你的路？

10. 雖然到目前為止我們一直在討論工作，但你會發現這些討論也適用於目標、夢想和人際關係。

第5章
梳理你的財務狀況

人終須一死。

想像一下,我走進你的病房,輕輕地坐在你旁邊的椅子上。

如果你已婚,你的丈夫或妻子也會在你身邊專心聽我講話。也許你的父母或兄弟姊妹也會在場。

「我已經查看了CT影像,與專家交談過了,並研究了過去的病例。我們可以提供許多治療方案,但我擔心這些方案無法阻止已經惡化的病情。腫瘤已經擴大轉移了,是惡性腫瘤。」

你停頓了一下,掙扎著深吸一口氣。你發現醫院的臨終關懷團隊已經來了,你這才意識到這次交談的真正含義。你陷入恐慌,緊盯著配偶的眼睛,看到你的痛苦和恐懼反射回自己身上。

你和家人都以為你有更多的時間。

「我再補充一下。根據我的經驗,每個人,無論老少,健康還是患病,每天早上醒來都會帶著一天的計畫……但我不知道你什麼時候會死。醫生不善於估計這種事情。但我想幫助你專注於每天的生活。死亡是句子末尾的句號,而不是一組括弧或一個引

號。」

就在那一刻，你的一生在你的腦海裡閃過。你想起你所有已經達成的成就和經歷的失敗。當你考慮你的遺產時，你所愛的人的名字和面孔會迅速掠過你的腦海。你在經濟方面和其他方面犯過什麼錯誤？一個問題沉重地壓在你的腦海中：我準備好離開這個世界了嗎？

真的嗎？真的準備好了嗎？

不管你願不願意，你都將離開這個世界了。也許不是以上文假設的方式。也許不是今天，也許不是明天。死亡對我們每個人來說只發生一次，但從你出生的那天起死亡就已經在路上，當你讀這本書時，時間也在流逝。這些問題並不意味著疾病或者令人不安，但通常我們必須擺脫自以為是才能做出有意義的改變。

只有你才能確定你是否過著符合自己獨特目標、身分和社會連結的生活。但是，把你的財務狀況梳理好，這會給你機會、時間和自由去追求對你最有意義的事情。它還將幫助你在自己的生活中解析三兄弟每個人的路徑，並利用他們的智慧來指導你的財務決策。

就像在第3章中，我們從機會成本的角度區分了人只活一次和延遲滿足一樣，平衡我們自身的財務和遺產意味著接受另一種二分法，即在談論死亡和金錢時，會面臨兩種基本的恐懼。

我們要麼害怕自己死得太早，永遠無法享受我們辛苦獲得的成果；要麼害怕將來會活得太久，卻沒有足夠的錢來維持我們的基本生存需求，我們將死於破產。

你更害怕什麼

我父親一直都知道他會英年早逝。事實上，在我母親同意嫁給他之前，他就向她表達了這個精準預判。無論他是否意識到這一點，我相信他的許多決定都受到這種信念的影響，尤其是他對職業生涯的決定。在獲得腫瘤學專業的獎學金後，他在私人診所獲得了一份利潤豐厚的工作，遠遠超過他在學術職位上所能獲得的薪水。然而，他拒絕了這個在西北大學退伍軍人事務醫院繼續工作的機會。雖然他接受的工作的薪水要低得多，但這個職位能充分調動他的理智和嚴謹，而且沒有私人診所要求的時間和情感犧牲。

我的父親還是個手工控。他在地下室有一個小雜物間，裡面裝滿了工具和其他用品，他花了無數個小時建造和改造東西。他是一位狂熱的攝影師，他在一個備用壁櫥沖洗自己的照片。當他突發顱內動脈瘤去世時，他甚至還在學習希伯來語。

我父親明白當下的重要性，事後看來，他對自己英年早逝的篤定使他能夠擁抱有意義的追求，直到他生命的盡頭。然而，他並沒有投入太多的精力來累積財富。正如我母親在接受「賺錢與投資」Podcast 採訪時所說的：「哪兒都缺錢！」

此外，他確實採取了一些措施來減輕自己過早死亡帶來的危害並確保他能留下足夠的遺產。他在年輕的時候就購買了一張壽險保單，後來用於支撐我們的家庭生活，並為我的大學教育提供資金。他還建議我母親回學校深造，不是回到她幾十年前開始但未完成的有機化學博士課程，而是鼓勵她從凱洛格商學院

（Kellogg University）獲得工商管理碩士（MBA）學位。即使在今天，他的話聽起來也十分正確：「以防我出事，你得有一個能提供足夠收入的職業。」

我父親去世幾個月後，我母親登上領獎臺，獲得了註冊會計師證書。那時，她已經在四大會計師事務所獲得了一個職位。

是運氣好還是準備得好？

與我父親不同，我從小對自己的壽命有著截然不同的感覺。

我一直相信我會活到七八十歲。這種信念影響了我的職業道路和財務決策。在許多方面，我能夠延遲我的熱情，以便為我的跨大西洋飛行提供適量的噴氣燃料。當下的緊迫性被佔據身心的願望所取代，即延遲現在的滿足以造福未來。我最擔心的不是英年早逝，而是擔心在退休後沒有足夠的資產來養活自己和家人。

讓你的財務狀況井井有條，需要瞭解一些基本的個人理財概念（我們將在下面討論），仔細權衡你最認同的那個兄弟的道路，並接受你最害怕的事情（英年早逝或晚年死於貧困）。有了這些知識，你就可以制訂一個財務計畫，平衡當下的重要性和未來的財富需求。畢竟，我們大多數人並不像我父親那樣，知道自己的生命何時結束。

瞭解你的淨資產狀況

一個好的導航系統都需要兩個資料點來規劃路徑：起點和終

點。儘管你可能對自己的目的地有清晰的預期,但你在定義當前所處的起點時花了多少心思?你知道你的淨資產嗎?

信不信由你,大多數人都不知道他們擁有多少,欠了多少。

他們將自己的財務狀況視為不規則的圓球,並且沒有系統的方法來評估他們所處的位置。但是無論你決定走哪個兄弟的道路,你都需要對自己的實際財務狀況有一點瞭解。

到目前為止,我們已經大致地討論了淨資產,但我還要用幾段文字來解釋如何以及為什麼是時候變得更加精確。讓我們從一個定義開始。

最簡單的計算是,你的淨資產等於你的所有資產減去所有負債。它是透過列出你擁有或欠下的所有有價值的東西來計算的,包括現金、不動產、財產、投資、債務等(見表5-1)。

資產－負債＝淨資產

表5-1 淨資產

資產	負債
支票帳戶	消費貸款
儲蓄帳戶	個人貸款
退休儲蓄	學生貸款
不動產	抵押貸款
汽車	汽車貸款
	其他貸款

第一步是寫出你擁有的所有有價值的東西（資產）。

此計算中使用的常見資產如表5-1所示。此時，不需要面面俱到，不包括衣服和易消耗物品等價值較低的物品。

接下來，你的負債是什麼？這是你目前欠的錢，包括消費貸款、學生貸款、抵押貸款和汽車貸款等。然後透過從資產中減去負債來計算你的淨資產。就是這麼簡單。

如果你得出的數字大於零，恭喜你！你擁有正的淨資產。你擁有的比你欠的多。如果你的數字小於零，不必絕望，這只是意味著你還有一些工作要做。事實上，負淨資產對年輕人來說是相當普遍的，部分原因是抵押貸款和學生債務。雖然負淨資產並不理想，但房屋通常會使資產升值（隨著時間的推移而升值）。我們利用少量資金來擁有價值更高的東西。這並不總是一件壞事。

現在你已經計算了你的淨資產，你可以如實評估你在哪裡，即你的起點。這很重要。大多數人完全不知道他們在經濟上所處的位置。他們認為「無知是福」，這能使他們避免處理經濟困難時的情緒壓力。

這種無知聽起來與大多數人對待死亡的態度出奇地相似。起初，他們會做許多事情來拒絕面對現實。然而，一旦克服了這個障礙，就很容易決定他們接下來的旅程是什麼樣子。

無論你最害怕什麼，瞭解你的淨資產至關重要。如果英年早逝是你最大的恐懼，好好計算你當前的資源以及可能使親人背負的債務，對於你決定有多少資金可作為當前的及時享樂基金（我們在第3章中討論的「人只活一次」基金）非常有幫助。

想一想第4章提到的房地產專家莎莉妮。她瞭解並建立正的淨資產，再加上她對多發性硬化症導致壽命縮短的瞭解，因此她能夠最大限度地從蓬勃發展的被動收入項目中獲得月收入。她抓住機會環遊亞洲，當時她還有體力和精力，她還為她兩個心愛的姪女設立了一個大學基金。她沒有必要為持續數十年的退休儲蓄擔心。

　　對那些覺得未來會長壽的人來說，這個計算是你通往財務自由的切入點。令人高興的是，使用一些基本計算很容易定義財務自由之路的目的地。

注意缺口

　　儲蓄的能力超過賺錢的能力是成功的財務生活最明顯也是最好的秘訣。你只需要學會注意缺口。

賺的錢－花的錢＝儲蓄缺口

　　仔細研究這個等式，你可能會覺得收入和支出同等重要。然而，事實要複雜一些，它們各有各的局限。能夠賺取的額外的錢是有限的，因為我們的實得薪資不是應得薪資的全部，這取決於你的薪水屬於哪個稅級。政府總是能得到它的分成。與賺來的錢不同，儲蓄（沒有花的錢）永遠不可能是無限的。你不能從石頭

上擠出血液。然而，儲蓄不受稅收拖累的影響。當你選擇不花100美元時，你將獲得保有100美元的全部好處。當你額外賺到100美元時，其中至少有1/3歸政府。

儲蓄在你實現財務自由和提早退休的道路上有多大力量？皮特・阿德尼，也被稱為「錢鬍子先生」，是選擇大哥道路的典型代表，他根據儲蓄率（定義為儲蓄佔實得工資的百分比，回報率為5%）計算了不同家庭退休前的工作年限。表5-2中的資料是他算出來的，結果令人震驚：將儲蓄率提高5%就可以提早退休！

錢鬍子先生的計算方式和淨資產假設有助於理解我們稍後將討論的4%安全提款率。具體賺多少錢並不如儲蓄率那麼重要。

不言而喻，當你適當地修改預算並開始注意儲蓄缺口時，你將累積多餘的現金。你如何處理多餘的現金與你對餘生的恐懼有很大關係。我的父親知道自己將英年早逝，選擇利用儲蓄缺口來享受他在世上的有限時間。這對他來說是一個非常合理的決定，並且最終產生了有意義的回報。而我正在為永續賺錢機器這個最終目標而囤積資源並建立資產。

永續的賺錢機器

隨著我們對財務自由的看法的轉變，我在第4章中分享的三種方法也在變化。雖然那些認為自己生命有限的人對「活在當下」更感興趣，但那些期望長壽的人必須採取截然不同的方法，

表5-2　退休前的工作年限

儲蓄率（%）	退休前的工作年限
5	66
10	51
15	43
20	37
25	32
30	28
35	25
40	22
45	19
50	17
55	14.5
60	12.5
65	10.5
70	8.5
75	7
80	5.3
85	4
90	小於3年
95	小於2年
100	0

資料來源：mrmoneymustache.com。

來獲得長期財富。如果你建造一個永續的賺錢機器，現金就會源源不斷地流入。但是這有個前提：你必須建造出來。這才是真正的工作所在，具體情況會因你的風格而異，但每條實現財務自由的途徑都必須集中在**賺錢、儲蓄、投資**這三個方面。

> **賺錢**，是指透過前期吃重，可以讓你的收入和經驗實現複利，發展可以長期支撐你的被動收入，或者追求你的熱情人生。
>
> **儲蓄**，是指使用節儉作為工具，並在必要時讓節儉成為一種生活方式。
>
> **投資**，是指將錢投入資產類別分散化的投資組合中。在股票方面，選擇優質股票，對市場的短期起伏保持淡定。

然後持續多年深入挖掘，低下頭專心工作。只要一點運氣和時間，終有一天你會抬頭看見正在嗡嗡作響的永續賺錢機器。你將可以自主選擇如何度過你的時間。

美好的生活從來都不限於財務自由這一點。財務自由是一種超級能量，可以讓你追求長期的滿足感，而不受經濟壓力的束縛。因此，採取措施建立自己的永續賺錢機器，偶爾進行維護，並找到更好的目標來度過你的餘生。

尤其是大哥這條道路，4%法則更加重要。

4%法則

對新晉大哥來說，關於他們的財務自由數字，最難掌握的概念是可變性。我們預測的合理程度取決於大多數財務自由新手以前從未做過的一件事：制定預算。你需要儲蓄和投資多少直接取決於你想要花費多少。

追蹤支出比以往任何時候都更容易。有許多免費程式可用，比如由Mint和Personal Capital等公司開發的程式。或者，如果你想要更多功能，有一些付費程式相當便宜且物有所值，比如「你需要預算」（YNAB）這個軟體。當然，自己動手記帳或製作試算表也很好。在這些選項中選一個就足夠了。

一旦你把你的月均和年均支出製成表格，一個簡單的計算就可以確定你需要投入多少資產來養活你的餘生，而無須再工作。

許多研究都分析了**安全提款率**（SWR），這是你每年負擔支出後剩餘資金的總投入資產的百分比。這些計算假設你把資金積極投資於股票和債券，並透過年平均回報積累財富。

> **安全提款率**，是一種計算退休人員每年可以從其積累的資產中提取多少資金而不會在去世前耗盡資金的方法。

4%法則是公認的標準。它基於1998年三一大學的三位經濟學教授發表的文章。作者研究了1925—1995年這70年每年的股

票市場資料。[24] 他們發現4%是30年退休期的最佳安全提款率。

> **4%法則**，你在退休後每年從你的投資組合裡提取4%，便能獲得舒適的生活；4%是使用了70年的股票和債券回報的歷史資料計算出的。

換句話說，你需要儲蓄每年支出額25倍的金額。因此，如果你每年靠4萬美元生活，你將需要積累和投資100萬美元（4萬美元×25＝100萬美元）。

然而，1998年以來，一些研究人員和著名經濟學家已經將這一百分比上調或下調了0.5%。確切的百分比會因為接下來將討論的對4%法則的一些合理批評而有所不同。

對提早退休的人來說，最重要的是投資資產可能需要存續30年以上。如果在退休後的頭十年內出現嚴重經濟衰退，這些期限較長的投資組合將面臨風險。這種現象被稱為回報序列風險，會迅速耗盡儲蓄，並隨著時間的推移減少資產的複利。其他反對意見指出了「一刀切」公式的危險。考慮到意外費用、醫療保健費用和離婚等常見但不可預見問題的可能性，安全提款率計算並不像人們希望的那樣適用。

赫伯，我們的地理套利專家，於20世紀60年代退休，剛退休沒幾年就遭遇了股市的困境。他看著自己的淨資產下降了近50%，然後才逐漸恢復過來。他的妻子記得有幾個月他們不得不省吃儉用。她甚至一度想去當地的雜貨市場打工。雖然他們的財

務狀況有所恢復，但還有其他困難時期，例如20世紀80年代後期的「黑色星期一」，股市崩盤讓他們的收益增長被迫暫停。[25]

雖然赫伯的經歷表明，這些反對意見有一定的參考價值，但我仍然相信4%法則是一個很好的經驗法則，它可以根據我們自己的獨特情況進行設立和修改。完美主義可能是足夠好的敵人。

我們不應該讓這些反對意見阻止我們選擇一個好的結局。

二哥和三弟的永續賺錢機器看起來與大哥的永續賺錢機器略有不同。對選擇二哥之路的人來說，他們將專注於建立符合每月支出需求的被動收入流項目。這些被動收入流專案需要的維護越少，產出越持久，那就越好。此外，選擇三弟道路的人會尋找他們喜歡的工作來支付每月的開銷。當你熱愛你的工作時，它幾乎不像是工作！

「三弟」們和生命的盡頭

讓你的財務狀況井井有條的方法是確立你自己的財務穩定之路，建立一個永續的賺錢機器，並找出你的主要恐懼是死得太早還是活得太久。雖然所有兄弟的道路都能起到警示作用，但三弟似乎最能說明在經濟和其他方面迴避這個問題的風險。

---

[24] P. L. Cooley, C. M. Hubbard, and D. T. Walz, "Retirement Savings: Choosing a Withdrawal Rate That Is Sustainable," *AAII Journal* 10, no. 3 (1998): 16—21.

[25] Adam Hays, "Black Monday," *Investopedia*, September 16, 2021.

作為一名臨終關懷醫生，我照顧過許多選擇三弟之路的人。

他們的案例有力地提醒我們，熱情會如何改變我們的生活。他們往往在快去世時，仍像他們健康時一樣，還有最後一輛卡車要賣，還有最後一首詩要寫，或者還有棒球卡要交易。他們不願離開這個世界的原因與恐懼的關係不大，而是與未完成事業的遺憾有關。

因為他們努力追求自己的熱情，三弟可以在過完充實的一生之後體驗幸福的死亡。然而，他們留下爛攤子也是常有的事。他們的家庭成員感嘆他們總是得不到三弟的關注。選擇追求熱情的這類人還會留下一長串未參與的假期和未參加的聚會。這樣看來，追求自己的熱情是有代價的。

三弟最大的遺憾是沒有花時間放慢腳步，停下來細嗅花香。

他們從未對成就感到自豪，甚至從未覺得出色完成的工作有終點，因為他們總是專注於下一件最好的事情。在故事中，到達路的盡頭後，三弟選擇轉身走回他來時的路。否認生命自然而然的開始和結束並不總是合理的，有時我們選擇的道路太過狹隘，我們可能沒有意識到暫停或進行新冒險也會帶來快樂。

當你被診斷出患有胰腺癌時，你真的應該擔心棒球卡嗎？安吉爾擔心。但是你會嗎？

經濟影響可能同樣具有破壞性。當熱情人生阻止我們制訂穩定的財務計畫、購買合適的保險或建立合適的顧問團隊時，災難不僅潛伏在我們身邊，也潛伏在我們的家人身邊。三弟容易養成不良的財務習慣，因為他們總是忙到無法做出適當的安排。

然而,我們可以採取幾個步驟來減輕這些風險,並確保無論你最認同哪個兄弟的道路,你都會給這個世界和你所愛的人留下更豐厚的遺產。

風險規避:最好的財務計畫有四條腿

既然我們已經定義了支撐永續賺錢機器的一些基本原則,現在是時候把我們學到的所有東西綜合在一起,討論風險規避這個問題了。我們正累積財富並將儲蓄用於投資或理智地花在對我們最重要的事情上。我們知道最大的恐懼是死得太早還是活得太久。但如果我們錯了怎麼辦?我們還能做些什麼來保護我們的財務未來?

風險規避的概念是個人理財中最重要的概念之一。新冠疫情的影響,讓我們都不知道未來還會發生什麼。我們無法準確地預測未來,因此我們有必要採取措施保護自己免受市場的自然波動以及我們自身財務需求變化的影響。實現這一想法的方法之一是制訂一個至少有四條腿的穩定財務計畫。

雖然這是安全和健康投資的關鍵,但分散化投資的模糊概念可能會扼殺投資新手和個人理財新手。投資多少才夠?什麼是分散投資?問題接踵而來。為了使概念更清晰,我喜歡將我的財務框架視為餐桌。在收入來源方面,最好的財務計畫有四條腿來確保穩定性。少一條腿,你的餐桌很可能會翻倒。超過四條腿雖然

可以增加穩定性,但也可能導致矯枉過正。

「紅鶴」財務計畫

單腿計畫是最危險的,它通常建立在員工薪資的基礎上。就像用一條腿站著的紅鶴一樣,它會被輕易推倒。

紅鶴財務計畫是什麼樣的?

這是一個「不死不休」的上班族,他唯一的收入就是他的薪水。他的退休金與固定福利養老金掛鉤。他持有的唯一股票就是他以折扣價購買的公司股票。

這是最不穩定的財務計畫。所有的雞蛋都放在一個籃子裡,一個醜聞就會導致他破產,就像安隆公司一樣。

「兩條腿」財務計畫

「兩條腿」稍微好一點,但也不夠。和剛才描述的紅鶴財務計畫一樣,但兩條腿財務計畫不是只投資公司股票,而是將額外的現金投入廣泛指數型、低費用的共同基金(和債券)中。透過增加一點多樣性,財務計畫變得更加穩定。與單腿紅鶴的計畫不同,兩條腿財務計畫不會被一陣微風一吹即倒。

雖然比紅鶴稍微好一點,但這種特殊的分配組合也存在可預見的問題。股市崩盤導致公司倒閉,對制訂兩條腿財務計畫的朋友將是災難性的。他不僅可能被解僱,而且將不得不清算其低迷

的投資組合以維持生計。

「三條腿凳子」財務計畫

這是我們最接近穩定的財務計畫。如果我們在兩條腿上加上房地產資產，承受壓力的能力就會變得更強。雖然三條腿凳子財務計畫是一種改進，但我仍然會說最好的財務計畫有四條腿。如果你的房地產價值下降，你的財務計畫就像被鋸掉了一條腿的凳子。現在你有一個高度不穩定的財務結構，隨時可能倒塌。

「餐桌型」財務計畫

餐桌型財務計畫是一種美國傳統財務計畫。沒錯，它是最穩定的。它堅固且結構精良，通常人們可以終生依賴這件傢俱。當我們把這個比喻應用於收入流時，這意味著在我們已經多管齊下的財務計畫中增加了副業。

- 第1條腿：薪資、公司股票、養老金。
- 第2條腿：廣泛指數、低成本的共同基金（和債券）。
- 第3條腿：房地產。
- 第4條腿：副業。

從餐桌上敲下一條腿，重量重新分配一下，它可以繼續站

立，直到受損的腿得到加固，這就是一個偉大的財務計畫。腿甚至可以互換。也許你想用加密貨幣代替你的房地產資產，選擇是無窮無盡的。財務自由需要利用多樣化方法進行開源，以規避未知的風險。

即使在退休後，這些規則仍然有效。例如，人們可以用優質的保單〔如**單次保費即期年金**（SPIA）〕替代薪資收入，或者開始從企業年金帳戶或養老金中提取分配。

> **單次保費即期年金**，是指與保險公司簽訂的合約，合約約定你給保險公司一筆總付的錢，然後保險公司在你的餘生中每月向你支付一筆固定的錢。

不要被變幻莫測的分散投資嚇到。三兄弟的最終目的地是建立一個永續的賺錢機器，它不僅要養活你，還要降低你可能會遇到的風險。雖然每個人的道路不同（前期吃重、被動收入或熱情人生），但所有兄弟都需要知道如何賺錢、儲蓄和投資，以建立一個四條腿的分散化財務計畫。

無論你選擇哪種財務自由的旅程，你都可以從每個兄弟那裡學到技巧。前期吃重者可能會開展副業以增加收入，被動收入戰士會選擇他們熱愛的業務，即使是最有熱情的員工也可以投資股票市場。

我們應該將各種技巧混合，這不僅是為了更快地實現財務自由，而且是為了把時間花在有助於加強我們獨特目標、身分和社

會連結的活動上。同時,在為時已晚之前將馬斯洛金字塔扁平化。

對那些最關心自己會不會還沒機會享受自己累積的財富就死了的人來說,他們應該放慢累積財富這個過程,增加收入或減少支出,打造餐桌型財務計畫,並將更多的錢花在獲得機會和經驗上。透過建立這個基本財務框架(即使資金不足),他們正在建立一個強大的財務根基。如果他們比自己預期的多活了幾十年,那麼他們仍然有燃料來維持自己的旅程。

如果你的預期是對的,死亡或殘疾來臨得比較早,那麼投資適當的保險以及一些好的理財商品是值得的。

保險的作用

信不信由你,但建造和維護你的財務根基時,最重要的決定之一是在可用的保險選項和決定投保多少之間做出謹慎選擇。

最重要的是,就大多數美國保險而言,保險是對嚴重或意外的壞後果的保護,比如突然離世、殘疾或重大醫療保健費用。然而,對於大多數情況,這不是一種好的投資形式。我經常建議,除了極少數情況,你應該把你的保險和你的投資區分開。保險的最佳結果是,你購買了從來用不上的保單。它是你心甘情願浪費錢的罕見情況之一。

反正我希望我的家人是這樣的,我希望他們永遠都不會用上

這種保單。但不幸的是,事與願違。當我父親在20世紀80年代初去世時,我母親獲得了20萬美元的保險給付,這筆錢在股票市場上的複利收入足以支付所有孩子的大學和研究生教育費用。雖然聽起來錢很多,但還遠遠不夠。而且由於一個文書錯誤,我父親雇主承諾的100萬美元的保單從未被落實。而這100萬美元能給我們的家庭帶來多大變化?

根據4%法則,100萬美元的保單給付可以確保我母親每年提取4萬美元來滿足我們的家庭需求。從這些數字來看,我們早已實現財務自由。如果母親願意,她本可以不用再擔心她的收入並退休。而那額外的20萬美元仍然可以用於支付我們的教育費用。

而現實卻是,我母親在我父親去世後不久,就不得不分秒必爭地尋找工作。父親的保險給付不足以讓我的母親遠離這些擔憂。

正如我的故事所示,保險可能是你最重要的購買決定之一。

接下來讓我們看一些值得更深入討論的保險類別。

第一,人壽保險。如果你有需要供養的家人,比如你有孩子、配偶、父母、親戚,或任何你不再供養他們就會陷入麻煩的人,你應該購買人壽保險,就是這麼簡單。值得注意的是,沒有家庭或沒有需要撫養親屬的單身人士可能不需要人壽保險,已經財務自由的人也不需要。他們已經擁有為他們創造收入的資產,並且不依靠工作來支付帳單。

接下來,還需要考慮人壽保險的類型和金額。保險有多種形

式和衍生商品，但出於本書的目的，我們現在研究的是**定期人壽保險**。其他形式的保險往往更像是一種投資工具，不僅成本高昂，而且會長期佔用你的資金。保險金額更加微妙。幸運的是，我們已經使用25倍法計算了我們財務自由所需的淨資產數額。如果你每年的支出達到4萬美元，你應該購買大約100萬美元的人壽保險（4萬美元×25）。這將使你的家人立即獲得100萬美元，然後靠每年4%的安全提款率來生活。你還可以在每年支出中考慮其他已知成本。也許你有三個孩子，並認為每個孩子需1萬美元才能完成四年的大學教育。因此，你可以選擇金額增加到130萬美元的保單。

> **定期人壽保險**，是指在有限的時間內（約定期限）以固定的支付率提供保險賠付的人壽保險。

　　第二，醫療保險。絕大多數美國人透過雇主獲得醫療保險，並且通常只支付實際保費的一部分。此外，靈活就業人員必須自己購買保險，並且可能會與高額保費和自付額鬥爭。美國《平價醫療法案》的通過使一些州的情況有所改善，並降低了有資格獲得補貼的人的保費。還可以選擇透過保險代理人或醫療保健公共服務部（HCSM）購買保險。

　　醫療保健公共服務部的保險因其低成本和廣泛的覆蓋範圍而受到財務自由人群的歡迎。從專業角度來講，它不是保險，而是由一群志同道合的人組成小組，他們聚集在一起分擔彼此的醫療

負擔。

第三，長期失能收入損失保險。每個工作的人都應該投保失能險。這對於選擇依靠自己熱愛的工作來謀生的人尤其重要。如果你去世，人壽保險將使你的家人受益。如果你發生事故，雖不致死，但無法工作怎麼辦？那你的收入從哪裡來？

還有幾種類型的失能保險。通常，雇主會為你提供團體失能保險。不同雇主提供的保險不同，通常不如擁有自己購買的保險那麼好，也不會更適合自己。當你從一個工作換到另一個工作時，前一份工作上的保險通常就失效了。

關於失能險的細微差別足以推翻我在這裡的討論，但我認為如果可能的話，你最好擁有自己的保單。該保單應為保險公司根據你的收入允許的最高金額。你可以切換不同的保費附加條款，如生活費用調整（Cost-of-Living Adjustment，簡寫為COLA），這將影響保單的總成本。

我照顧過許多臨終患者，在患上絕症之前購買失能險對他們來說至關重要。例如，塞薩莉幾十年來一直在與紅斑性狼瘡搏鬥，她在電氣工程領域的職業生涯很成功，並且她的收入是丈夫基普和他們兩個孩子的唯一經濟來源。她在45歲患第一次中風後，她清楚地知道將無法在工作中履行日常職責。由於基普需要留在家裡照顧她和孩子，如果沒有塞薩莉雇主提供的失能險，這個家庭就會失去支撐（她的紅斑性狼瘡使她沒有資格購買自己的個人保險）。

這些保險賠付支撐了他們很多年，直到她再一次中風，需要

臨終關懷治療。我記得我和基普坐在塞薩莉的床邊，回憶起她喪失行為能力之前的生活。即使在第一次中風之後，這筆失能保險給付也讓他們在家裡度過了寶貴的幾年。

第四，長期看護保險。近年來，長期看護保險變得越來越昂貴，因此對許多人來說遙不可及。如果出於健康問題或事故等原因，你需要在家中或療養院裡進行長期看護，並且需要醫療設備支持或有其他醫療需求時，這種保險將會涵蓋相關費用。那麼，如果你有多餘的錢，並且覺得成本合理，那你應該在保費最低的時候，或是在你年輕時就購入這種類型的保險。

還有許多其他類型的保險，但對大多數人來說，以上提到的保險就已經構成保護你的家庭和遺產的良好基礎。請記住，保險通常不應該是一種投資，除非是最專業和最富有的那群人。

如何獲得正確的財務建議

毋庸置疑，我們中有許多人都是「自己動手的人」。我們喜歡使用自己的技能駕馭生活，並且不願意為服務支付額外費用。

但是，同樣非常真實的是，有些問題太專業了，因此我們需要聘請專家成為我們的顧問。其中有幾類專家是非常必要的。

這些專家的目標不僅是幫助你更有效地建立永續賺錢機器，也是幫助你識別風險管理計畫中的弱點。對於那些擔心英年早逝並希望留下穩定遺產的人，這一點尤其重要。

首先要考慮的是會計師。雖然許多人可以而且確實正在管理他們的年度納稅申報表，但如果你的財務情況變得更加複雜（在某種程度上，這是人生目標），不時從會計師那獲取建議，將為你帶來可觀的回報。特別是如果你正在開拓業務，購買或出售房地產時，或者你想要利用一些更巧妙的減稅技術，如資本利得的節稅技巧時。

其次，遺產律師也是一個不錯的顧問。如果你要起草遺囑或信託，這樣的律師是必不可少的。當然，線上法律諮詢也可以幫你解決一些問題，但真正的遺產律師可以幫助解決更複雜的遺產規劃問題。你累積的財富越多，你就越有可能需要一位優秀的財務導向型律師，來幫助你管理和保護這些財富，以傳遞給你的家人。

最後，還要考慮你是否需要財務顧問。答案可能取決於幾個問題。如果你願意每個月花幾個小時學習和閱讀，並且對自己在金融動盪中站穩腳跟的能力充滿信心，我認為你可以自己做這件事以節省相當多的錢。因為普通財務顧問每年會收取高達你總資產的1%的報酬，但他可能並不會提高你現有的投資回報率。

此外，財務顧問不僅僅關注投資回報率。他們可以幫助你進行長期規劃並規避風險，在你即將讓情緒欺騙你做出錯誤決定時發出理性的聲音。可以肯定地說，超過50%的人可能會在某個時候需要財務顧問。因此，如果你要聘請一名財務顧問，還要瞭解以下兩個重要方面。

一方面是，**受託財務顧問**如何獲得報酬？有以下幾種常見類

型。第一種是我最不喜歡的類型,即一名財務顧問透過向你出售理財或保險產品獲取報酬。雖然你不需要直接為服務付費,但這種安排留下了最大的操作空間。顧問將為了拿到績效獎勵而向你出售某些產品,這些產品從長遠來看可能符合你的最佳利益,但也可能不符合。

在我看來,第二種是更可取的類型,即向財務顧問支付相當於資產管理規模(AUM)一定比例的報酬。雖然這種安排降低了顧問向你推薦一項產品的可能性,但顧問很可能會建議你將所有資金投入他們提供的產品,而不是投入房地產或建立小企業。

最後一種類型,我認為是最有益的,而且受到偏見的影響最小,即每小時諮詢付費法。你向顧問支付每小時費用以為你提供建議。雖然這種安排在短期內似乎成本更高,但我相信從長遠來看,這種模式可以提供更好的建議以為你節省資金。

另一方面是,無論你的顧問如何獲得報酬,都需要確保他們具有資格來擔任受託人。一些需要查證的資格包括高級理財規劃顧問(CFP)、註冊基金專家(CFS)和特許投資顧問。這些資格將有助於確保你的顧問至少接受了最低限度的培訓和教育。

> **受託財務顧問**,是指在管理客戶資產時考慮客戶最高金融收益的顧問。

沒有人知道未來會發生什麼,我們不妨今天就把財務狀況整理好。瞭解了通往財務自由的不同途徑,我們就可以開始研究我

們的永續賺錢機器了。我們可以認真考慮在金錢和死亡方面最讓我們害怕的是什麼，是現在就花錢，還是在我們認為合適的情況下延遲滿足。

保險和適當的財務計畫可以幫助我們確保自己的財務遺產能夠經受得住任何動盪事件。保險能幫助塞薩莉、基普以及他們的孩子挺過危機，它也可以為你服務。

你覺得已經掌握了自己的財務狀況，但還要看看你所愛的人。雖然你可能已經接受了自己的死亡並開始做出相應的計畫，但你的父母、兄弟姊妹或孩子往往還對此毫無準備。

學習開啟這些艱難的對話，並拯救自己和家人免於遭受財務計畫不周導致的心痛，這是下一章要解決的問題。

》》練習5：計算實現財務自由你需要多少錢

1. 在下週的行程中選擇2~3天，每天騰出1小時。在此期間，找一個安靜、舒適的地方，確保關閉所有電子設備，讓身體得到充分休息，沒有飢餓感，然後集中你的注意力。

2. 如果你到目前為止還沒有這樣做過，請選擇一種方法來追蹤你的支出。有幾種供選擇的方法：使用免費的記帳類應用程式，或使用紙筆。

3. 回顧信用卡和金融卡對帳單。你把錢花在哪個方面最多？是食物？住所？交通？雖然這可能是開始削減這些開支的最佳時機，但請給自己一點時間，不要感到羞恥或內疚。請記住，較大的費用因月而異。你可能需要查看6~12個月的平均支出，才能真正掌握每月支出情況。

4. 現在，將你的每月平均支出乘以12，然後再乘以25。如果你每月平均花費5000美元，你的計算將是，5000×12×25＝150萬美元。

5. 這就是在當前消費水準下要實現財務自由需要的錢。根據4%法則，你可以安全地每年提取6萬美元（150萬×0.04＝6萬美元）。

6. 現在將你實現財務自由需要的錢與你在本章前面計算的當前淨資產進行比較。如果它們相差甚遠,請不要擔心。因為之後這些數字還會變動,你的薪資會增加,利息會產生複利。

7. 如果你感覺這個金額無法實現,暫時不要打退堂鼓。許多人低估了儲蓄、節儉和複利的力量。未來幾週內認真思考你從這個練習中獲得的知識。

8. 經過深思熟慮,如果這些數字仍然讓人望而生畏,那麼大哥的路可能並不適合你。也許你是二哥?或是三弟?

第 6 章
是時候與家人談談錢了

　　作為一個盡職盡責的兒子,馬特在我們會面的前一天晚上就從洛杉磯飛往芝加哥,以便充分休息並做好準備。他母親被確診患有老人癡呆症,初級護理醫師建議對其進行臨終關懷。馬特對父親在過去十年中提供的無微不至的照顧十分感激。母親的相關資料井井有條,而且在她的精神狀況變差之前,她的願望已經實現了。他的父母經濟狀況良好,可以負擔得起馬特母親在家中去世前所需的全天候護理。

　　我記得我向馬特保證他的母親可以得到最好的照料,讓他安心回到洛杉磯。我沒有想到還不到一個月,他就趕回芝加哥,因為發生了一場我們都沒有預料到的危機。

　　但這個危機不是他母親病情的惡化,這一直在我們預料之中。這個突如其來的危機是馬特父親所遭遇的健康問題。新冠病毒的意外感染壓垮了馬特的父親,他躺在呼吸機上失去了知覺。

　　這讓馬特驚恐地意識到,他不僅會在較短的時間內失去雙

親,而且他從未獲得過父親的財務授權書。

幾年前,在他母親還沒有衰弱到如此程度之前,律師建立的遺囑和信託規定,如果他的父親去世,馬特將完全控制他父母的財產。馬特作為能夠做出決定的第一順位親屬,自然獲得了父母雙方的醫療授權書。但由於他的父親還活著(雖然昏迷不醒),馬特無法獲得他們家的財產。

那誰來支付醫院帳單?誰來承擔他們僱用的額外護理人員的花費,以使他的母親在家得到舒適的療養?

我們的社會工作團隊和牧師主動提出要幫助馬特走昂貴且耗時的**監護令**申請流程。而令人心碎的是,馬特的父親在我們提交資料之前就去世了。馬特唯一的安慰是,現在他可以獲得必要的資金來支持母親生命的最後時光。

他父親走後沒幾天,他的母親也去世了。

監護令,是指由法官任命監護人來管理由於年老、身體或精神受到限制的當事人的財務和日常生活。

如果不是現在,那是什麼時候

像馬特這樣的故事並不少見。即使你仔細遵循了前一章的建

議，並且你自己的財務狀況井井有條，你的父母、孩子或其他親人仍可能陷入財務困境。通常，混亂不是你自己造成的，就像馬特的不幸遭遇一樣，認識到有些事情是錯誤的時候已經太晚了。

相信我，我知道這些對話絕非易事。它們可能很複雜，讓親人不舒服，並可能讓親人感到難過和精神緊張。但這些困難不應阻止我們進行這類溝通。相反，沒有進行這類溝通的後果太大，而解決方案卻沒有大多數人想像的那麼複雜。

如果你現在不打算和你愛的人進行這種對話，那你準備到什麼時候？當他們喪失行為能力後？當他們深陷於身體或精神上的痛苦時？當你在法庭上，聘請了一位昂貴的律師來為無法再表達自己意願的父母的權利和尊嚴發聲時？當你筋疲力盡，無法向孩子表達你的願望時？

作為一個兒子，我和我的父母有過這些對話，因為我和他們生活了幾十年。我曾為無數患者子女提供過諮詢，因為他們在父母勇敢地面對絕症時痛苦不已。我繼續在「賺錢與投資」Podcast上與嘉賓和聽眾交談，我專注於幫助家庭成員梳理他們的財務生活。

無論我當時的身分是什麼，我總是傾向於用同樣無聊的老問題開始一段談話：「如果不是現在，那是什麼時候？」

我得到的答案通常也是一樣的：「等我們知道怎麼做的時候！」

開啟艱難對話的方法

金錢和死亡是美國文化中最忌諱的話題，這兩者的忌諱程度不相上下。我們不喜歡談論金錢，我們也不喜歡談論死亡。當然，我們更不想一起討論它們。然而，為了避免自己處於與馬特類似的處境，並保護我們的父母，我們將嘗試消除這些話題的汙名。

我很想說有一個放之四海而皆準的解決方案，比如只需按下一個簡單的按鈕就可萬事大吉，但那過於簡單。因為我們每個人都是一個擁有無數複雜關係的個體，對我有用的技巧可能對你來說作用有限。話雖如此，還是有一些簡單的入門方法可以引入這些困難的話題。

方法一

「嗯……爸爸媽媽，我正在考慮與遺產規劃師聊一聊，準備開始著手制訂我的家庭規劃，以防萬一我出了什麼事。你們有立過遺囑或信託嗎？你們覺得我應該怎麼做？」

開啟一個困難話題的簡單方法之一是尋求建議，無論你是否需要建議。這是一種很好的非對抗性對話開場白，可以評估你的父母在遺產規劃進程中所處的位置，他們是否已經開始了這個進

程，以及他們是否願意與你討論。雖然這個方法並非萬無一失，但你的父母感覺到你需要他們的幫助，這可能會讓他們更容易接受，願意分享他們的想法。此外，當他們描述他們所創建的規劃時，你可能會從中學到一些有用的技巧，而且你也將深入瞭解他們的思考過程。

如果你正在與精通財務或身為高級規劃師的父母打交道，這種方法特別有效。你可以打著制訂自己計畫的幌子詢問他們的決定，並與他們討論他們的決定將如何影響你和你的其他家庭成員。

方法二

「我有沒有跟你說過我的朋友馬特？在他父親感染新冠病毒時最可怕的事情發生了。他們發現，除了患有癡呆的母親和突然需要依賴呼吸機的父親，沒人有資格使用家裡的銀行帳戶。我希望我們永遠不會面臨這種情況。我們該如何準備？」

我們深受朋友和熟人的磨難和失誤的影響。與其直接詢問父母的財務狀況（這可能會很尷尬和不愉快），不如將談話去個性化。其他人所經歷的可怕情況可以自然地轉到你自己的恐懼和擔憂上。

談話從我們將如何處理你的錢轉向我們如何保護家庭成員，

避免使其成為計畫不周的受害者。這個方法消除了談話中對抗性的感覺，並引入盟友關係。

我們是一個戰隊的！

方法三

「嘿，爸爸媽媽，隨著年齡的增長，我想了很多在這個世界上留下印記的可能性。你們認為留給我、我的兄弟姊妹和所有孫子孫女最重要的遺產是什麼？你們希望走了以後我們怎麼記起你們？」

在最基本的形式中，遺產規劃只是遺產的一部分。我們希望我們的孩子、孫子、朋友和其他家庭成員如何記住我們？這種對話有兩個方面的意義。

一方面是降低風險。我們不希望我們的死亡對家人留下的只是災難、準備不足和毀滅性的打擊。我們最不想留給親人的記憶是，在我們臨終的那段時光裡，只剩下死亡帶來的遺憾和內疚。

進行全面細緻的討論後，達成醫療和財務授權書，將我們的法律文件留在親人可以找到的地方，並且最好事先告知我們的遺願。

這些步驟將有助於馬特應對他父親去世時近乎災難性的處境，也可以大大減輕這種風險。

另一方面是定義我們的父母在去世後將以何種方式留在我們的生活中。他們會給我們留下哪些物品、故事，甚至金錢，這些東西會讓我們如何追憶他們？我爸媽買的破舊小屋，已經被一家三代人都住過了，它仍然是家庭紀念品嗎？是否還留下了資金給子孫後代享用？

確定這個遺產是什麼樣子的唯一方法就是詢問他們。重要的是要明白，遺產並不意味著將父母的財富分配給家庭成員或其他人使用，而是為了讓父母在未來幾年留下自己的印記。

值得注意的是，僅僅使用這三種方法來談論這些重要問題是不夠的。它們只是一座將你所愛之人的遺產寫在法律文件上的橋樑。為了真正做到把遺產落實到書面，我們需要深入探討我所說的遺囑文件。

遺囑文件

沒有什麼比臨終關懷工作更能讓人認識到遺產規劃的重要性了。雖然這是一個寬泛的主題，而且整本書都致力於討論這個東西，但一些直接、簡單而快捷的步驟將極大地改善我們的生活以及父母和親人的生活。

你會注意到，我已經去掉了「財產規劃」這個詞，取而代之

的是「遺囑」。這不是用於確保你的財產的文件，而是一份旨在用法律保衛你父母（或你自己）留下的遺產的指南。當我們創建一系列法律文件來編寫這些指導時，我們就是在創建遺囑文件。

第一步，可能是最簡單的，就是審查我們父母所有重要帳戶和保險的受益人。這應該每年進行一次。過去一年的生活發生了變化嗎？是否有離婚、親人死亡或孩子已成年的變化？這些事件都可能影響我們的父母希望將誰列為他們遺產的受益人。通常來說，我們要審查的是養老金帳戶、企業年金帳戶、個人退休帳戶和人壽保單。

珍妮從沒想過自己會和臨終關懷護士坐在一起，看著她年僅40歲的丈夫蒂姆在一次嚴重的心臟病發作後離開人世。那是一個春天，在陽光明媚的早晨，當時他出門去慢跑，他的身體似乎還挺健康的，結果卻突發心臟病。儘管處境很糟，但她還是感到一絲安慰，因為她知道蒂姆多年前購買的保險將為他們羽翼未豐的家庭提供保障。

想像一下，當珍妮發現保單上的受益人是前女友時，她感到多麼震驚。顯然，蒂姆在與珍妮相識並結婚後忘記了要去更新他的保單。但幸運的是，前女友慷慨地將保單給予了她，使難以置信的困難情況變得容易一些。

你不會想陷入這種境地的。

所以，關於指定受益人的問題也需要注意：你的父母是否為

所有帳戶都指定了遺產受益人？通常，對於支票或儲蓄帳戶，你可以指定在自己去世以後將這些帳戶轉移給誰。為什麼這很重要？因為缺少遺產規劃就需要所謂的遺囑認證。如果你未能制訂遺囑或遺產規劃，那麼你的遺產就會根據你所居住的州的法律進行分配。為了明確你的資產分配，司法將會核驗所有決定。

這個過程漫長而昂貴，使律師和其他人都很疲憊，你應該不惜一切代價避免遺囑認證！

許多人錯誤地認為制訂**遺願或遺囑**就可以避免遺囑認證。不幸的是，事實並不是這樣。遺囑認證制度實際上是為了裁決遺囑而建立的。而遺囑對於你表達如何分配金錢、實物和財產的願望很重要。遺囑可以在律師的幫助下起草，或者，如果你更喜歡自己動手，你也可以上網研究。雖然制訂的遺囑並不總是有效的，但你父母可以指定哪些重要的東西歸哪些家庭成員，這是規劃遺產的好起點。

遺願或遺囑，是一份法律檔，表達了一個人對死後財產如何分配的意願。

如果你真的希望你所愛的人避免遺囑認證程序，你必須定期更新遺產的受益人，整理受益人契約文件，並建立信託。信託這個概念超出了本書的範圍，但在你處理了遺產規劃的一些基本問

題後,在法律專業人士的幫助下值得建立信託。

雖然遺囑文件是需要你與父母一起制訂的遺產規劃的重要組成部分,但如果你想避免發生在馬特身上的事情,你還必須同時處理法定醫學遺囑文件。

法定醫學遺囑文件

有許多法律文件可以幫助確保你的父母在離世時擁有他們努力維持的尊嚴。花一些時間討論和填寫這些表格,你的父母將會知道在生命的盡頭你做了符合他們心意的事。雖然你必須與你的家庭律師和醫生討論以完成這些文件,但我會簡要描述哪些文件是最重要的。

醫療授權書（POA）,是指你的父母（或你自己）指定在喪失行為能力時可以為他們（或你自己）做出醫療決定的人。喪失工作能力通常由醫療專業人員認定,他們將評估患者的能力,即他們在醫療護理環境下對自己所做決定帶來的後果的理解能力。值得注意的是,醫療授權書只有在當事人無行為能力的情況下才會啟動。如果一個人清醒,那麼他們自己可以做出醫療決定。在沒有正式文件的情況下,大多數州都有一個自動繼承計畫,從合法配偶開始,然後是長子,依次類推。儘管我們很想在確定醫療

授權書的代理人後就置身事外，但重要的是我們要意識到，我們指定的這個人必須是值得信賴的，並且對患者在任何特定情況下想要做什麼都有深入的瞭解。因此，與這個人進行詳細的對談是值得的，這樣他們就可以在必要時做出正確的決定。

財務授權書，確定一個值得信賴的代理人，代表你的父母處理財務事務。你的父母不必等到無行為能力時才啟用此代理，並且這份授權書在委託人死亡時自動失效（當財務遺產文件生效時）。與醫療授權書不同，如果沒有提交正確的法律表格，則沒有自動繼承計畫。這就是馬特的錯誤，如果你不小心，這也可能會成為你的錯誤。

生前遺囑，是一份合法的書面文件，它規定了如果一個人失去發聲能力，他們願意或不願意做什麼治療。一些治療偏好，如疼痛管理和器官捐贈，可以在這份書面檔中詳細說明。當事人是否應該繼續維持生命以及維持多長時間也可以寫在這份文件裡。雖然從法律上講，醫療授權書不應該淩駕於生前遺囑之上，但我確實在現實生活中遇到這種情況。因此，擁有可靠的醫療授權書代理人，確保代理人瞭解患者意願變得更加重要。

維持生命治療的醫囑表格（POLST），透過鼓勵臨終關懷的提供者、患者和家庭討論危重疾病並編寫一組具體指南，作為患者病危期間的指導來明晰和改善臨終關懷。表格的形式因各州而異，但它通常會明確寫出，患者在接近生命盡頭時，是要接受生

命支援還是人工營養。這種形式在很大程度上取代了過去經常使用的「不復甦」（DNR）形式，而「不復甦」形式允許患者在不接受心肺復甦（CPR）或其他形式的延長生命護理的情況下去世。

許多人，尤其是那些患有絕症或慢性病的人，會選擇放棄生命支持，以他們認為更快、更平靜或更自然的方式死去。

孩子們，是時候談談了

到目前為止，我們一直專注於自己可以與父母進行的重要對話，以確保父母的財務（和醫療）狀況井井有條。然而，隨著我們的孩子的年齡增長，我們理應開始與他們進行同樣的對話。

首先，我們可以遵循我們剛剛給父母的建議，開始制訂我們自己的遺產規劃和文件。正如我父親讓我意識到的那樣，死亡不僅僅是發生在祖父母身上的事情。如果你已經到了可以自己賺錢的年紀，那麼你也已經到了做這些事的年紀，你可以思考你的遺產是什麼，並按照這個計畫採取行動。

其次，同樣重要的是，我們可以開始向他們傳授我們在本書中學到的金融知識，幫助他們解決當下在緊迫性和延遲滿足方面的困難。同時，我們還可以引導他們審視每個兄弟的道路，並幫

助他們找到適合他們風格的財務自由之路。

但這並不總是那麼容易。我的朋友J. L. 柯林斯擁有豐富的金融知識，並且他很高興能傳授給他的女兒潔西嘉。然而，在他女兒上高中時，柯林斯準備向她傳授這些知識，他的女兒卻還沒有準備好吸收或聽取他必須教的知識。在嘗試了幾次教授知識的談話後，他放棄了，最終決定寫部落格來記錄他的想法，等待女兒做好準備傾聽的那一天。

他的書《簡單致富》(*The Simple Path to Wealth*)現在已經指導了成千上萬的人，指導他們梳理財務狀況並實現財務自由。[26] 幾年後，潔西嘉走在了財務穩定的道路上，並將父親的建議銘記在心。

有時，幫助孩子會讓你意識到他們的財務自由之路與你的道路大不相同。在明尼蘇達州一個名為CampFI的活動上，我遇到了一對父子，他們對金錢的信仰有重大差異，但開始和解。父親是一名醫生，熱愛學術研究。然而，兒子覺得大學生活不能滿足他的需求，對創業的想法更感興趣。他們都贊同財務穩定是為了回饋社會並帶來變革。父親曾向兒子推薦「財務自由」運動，將其作為自己所走的職業道路的可行替代方案。因此，他們一起來到這兒閉關，尋找新的前進道路。

---

[26] J. L. Collins, *The Simple Path to Wealth: Your Road Map to Financial Independence and a Rich, Free Life* (Scotts Valley, CA: CreateSpace, June 18, 2016).

我們留給孩子的財務遺產不必過於複雜。透過示範正面或負面行為，他們可以從我們的經驗教訓中受益。花時間與你的孩子溝通，討論你為什麼做出這些決定。打破談論金錢的禁忌，並且一次只探討一個話題。

「財務自由，提早退休」與緊急情況文件夾

雖然我們花了很多時間討論如何與我們的父母和孩子進行這些艱難的對話，以及協商最重要的遺產文件，但我們現在可以採取一些步驟，在我們自己有可能英年早逝的悲慘處境下使前進的道路變得輕鬆。

你是否完成了緊急情況文件夾（in case of emergency binder）？

我第一次聽到這個詞是在學習「財務自由」概念的時候。提早退休人員正在制訂複雜的財務計畫，這些計畫可能跨越長達50年的時間。這些計畫都是關於現金、投資、保險，甚至是創業的。通常，一方配偶是所有資訊的擁有者，而另一方配偶或近親不知道密碼、帳戶餘額，甚至不知道每月帳單是如何支付的。

打開緊急情況文件夾。緊急情況文件夾包含重要的財務和社交媒體資訊，以便在你死後或殘疾的情況下讓你的親人知曉。有

幾個商業上可用的範本可以讓你有序地存儲所有敏感的帳戶和密碼資訊，以便你的親人知道如何獲取你的財務資訊和保險單。

作為臨終關懷醫生，我一遍又一遍地聽到關於緊急情況活頁夾的故事，它幫助親人避免了麻煩，節約了大量時間。我在本章前面提到的珍妮和蒂姆如果使用這個文件夾，那麼他們就很可能會更新他們所有人壽保險單的受益人，因為在他們填寫文件夾時就會意識到這件事。還有一個厄尼的故事，他把他珍貴的硬幣存放在車庫中一個非常堅實牢固的保險箱裡，卻在沒有告訴任何人保險箱密碼的情況下離開了人世。

這些事情經常發生，對於那些已經十分痛苦的親人，這可能會更令人沮喪。如果可以，你難道不想讓他們生活得更輕鬆嗎？

是的，你可以。

我在本章的開頭提問：如果不是現在，那是什麼時候？

你可能認為你還年輕，透過保持健康或整理自己的財務狀況還能為自己贏得一點時間。但是，正如我們將在下一章中討論的那樣，你不能將時間商品化。你不能買賣它。

那麼我們應該怎麼做呢？

》》練習6：與你的家人談論遺產規劃

1. 在下週的行程中選擇2~3天，每天騰出1小時。在這段期間，找一個安靜、舒適的地方，確保關閉所有電子設備，身體得到充分休息，沒有饑餓感，然後集中你的注意力。

2. 你突然有種非常糟糕的預感。你的生命將在一週後結束。雖然這聽起來很奇怪，但你確信這種預感的真實性。花點時間沉浸在悲傷中，為你和你的家人將要失去的一切哀悼。

3. 現在想想在接下來的幾天裡你必須完成什麼。當然，你必須與家人和朋友道別，然後擁抱你的配偶和孩子。但是，你還需要向他們傳達些什麼？

4. 你的家人知道如何進入你所有的財務帳戶、保險箱和社交媒體嗎？你的妻子是否知道重設自動支付水電費帳戶的所有密碼？他們知道如何領取你的人壽保險賠付嗎？

5. 拿出一張空白的紙，一一列出你所愛的人在你去世後需要的所有重要資訊類型。一定要寫全，包括帳戶及其密碼，以及到目前為止你管理的生活專案所需的任何資訊。

6. 如果你發生某些意外,你的家人是否擁有他們需要知道的所有訊息?如果你在列出重要資訊時遇到問題,請考慮購買線上緊急情況文件夾。

7. 現在讓我們反過來考慮。如果是你的配偶或父母意外死亡怎麼辦?你知道如何進入和操作他們的帳戶嗎?如果他們病危,你知道他們的願望或他們想選擇誰作為他們的代理人嗎?

8. 你知道如何審視他們的所有文件嗎?

9. 對你來說,如果這項行動在身體和情感方面都有困難,請不要難過。大多數人只有在難以說出口的事情發生時才考慮這些問題。你現在如何從解決這些問題中受益?

第三部分

臨終患者唯一希望的是擁有更多的時間

第 7 章
時間感知套利

雖然我們可能不知道我們的時間到底還剩多久,但從出生到死亡,我們活著的時間是有限的。這條真理不僅不可改變,也無法迴避。

兩個有關時間感知的故事

我想分享兩個關於我如何體驗到時間概念的故事。儘管我們經常錯誤地認為時間是我們可以創造或利用(或浪費)的東西,但實際上,我們的選擇要有限得多。然而,這並不意味著我們完全無法抓住這個短暫的實體。時間不一定是我們的敵人。我們可以讓它成為我們的盟友。

洛雷塔的故事

洛雷塔已經等了十年了。起初,她的母親由於身體健康問題和兼職護理人員一起住進了新公寓,她們認為只有幾個月的時間。

後來,由於母親突發心臟病,身體因此變得虛弱,洛雷塔便對離開小鎮感到內疚。巴黎之行可以緩緩,她一直希望得到的工藝品店工作也可以緩緩,甚至新的交友軟體她也不敢註冊。

當洛雷塔向安養院諮詢母親的慢性心臟衰竭時,她幾乎放棄了自己的需求和興趣。現在,至少,她看到了盡頭,儘管這樣的想法讓她非常內疚。不是她想讓母親死,而是洛雷塔已經將近十年沒有為自己做過任何事情了。她努力告訴自己這樣一個事實,即與她的母親不同,她自己還有時間。

但她真的有時間嗎?

在芝加哥的一個早晨,在去安養院探望母親的路上,洛雷塔在一塊冰上滑倒,摔斷了腳踝。臨終關懷團隊幫忙給洛雷塔在她母親的隔壁安排了一個房間,這樣即便她的腳踝需要康復治療,也不會打斷她多年來對母親的支持和陪伴。

但一天後,當病房裡的洛雷塔試圖站起來拿一杯水時,她摔倒在地上,而且還撞到了頭。當救護車到達安養院時,她已經去世了。而她的母親安靜地睡在隔壁房間,對此還一無所知。

我永遠不會忘記那天,我走進安養院病房告訴我的患者,她心愛的女兒在前一天晚上因意外事故去世。

她的母親抬頭看著我，她的臉因蒼老、慢性病折磨和此時無法衡量的巨大悲傷而扭曲。我將永遠記得她在我耳邊低語的那句話，這句話完美地詮釋了我們倆對洛雷塔過早去世感到最悲傷的地方：「時間不等人！」

這不是我第一次被這句話刺痛。這讓我想起我的女兒萊拉終於長大，不再需要嬰兒床的那一天。

萊拉的嬰兒床的故事

我和妻子賣掉了女兒的嬰兒床。在過去的一年裡，自從萊拉得到她的「大女孩床」，而且學會在半夜醒來，在家裡到處搗亂搞破壞之後，嬰兒床一直被扔在角落裡。起初我們只是偷懶，後來我們計畫出售它，但一直沒有機會。最後我們在Craigslist網站上發布了出售廣告。日子一晃而過，沒有買家感興趣。

這是一張漂亮的新款嬰兒床，沒有什麼磨損。最終，我們降價並重新上架了幾次。開始幾天還是沒有反響，後來，我們突然收到一封電子郵件。一對年輕的新手父母想在妊娠期的最後幾個月來看看嬰兒床，並表示不會耽誤我們多久。

當萊拉試圖發起談話時，他們上下打量著嬰兒床，我兒子跑去拿他的陶器給他們展示。他們只花了一分鐘就決定買下它。很快，我找到了工具，開始拆解萊拉生命中頭兩年的家。一連串的動作：撐開、抬起和搬運。收到錢後，我們祝福這對夫婦一切順利。

當他們帶著各種零部件慢慢地穿過我們的前門時，我心頭一驚。我們賣了萊拉的嬰兒床！我的腦海裡浮現了一個未來的畫面：

我被關在安養院裡，我笨拙的大腦在與癡呆搏鬥，我變得焦躁不安，而護理人員遞給我一個娃娃。因為有研究顯示，照顧一個假娃娃可能會讓我平靜下來。我會抱著娃娃，把它當作萊拉，漫無目的地在安養院裡遊蕩，尋找一張嬰兒床給她躺下午睡。

但我找不到，因為我在Craigslist網站上賣掉了它。當我凝視著窗外那對年輕的夫婦小心翼翼地把拆解了的嬰兒床放在他們的皮卡後面時，我覺得非常後悔。因為即使在我的大腦衰老並深陷於斑塊和頭腦不清之前，我也無法逃避一個基本事實：無論我多麼渴望它，時間都不會等待任何人。

我們從出生的那一刻起就在走向死亡。不可否認，不可避免。

出生伴隨著某些不可剝奪的權利，其中最主要的就是死亡的必然性。這個事實挑戰了我們的情緒健康。它創造了一種心理結構，限制了我們應對現實的能力。儘管我們可能試圖控制外在干擾，但這無法被改變。我們不能創造或毀滅時間，我們當然也不能將它商品化。

然而，我們可以拉動一個槓桿來改變我們與這個短暫概念的關係，而這個槓桿就是感知。我們在人生的不同階段對時間的看法不同。當我們年輕的時候，日子和歲月似乎過得非常緩慢。我們覺得除了時間，我們什麼都沒有。然而，隨著年齡的增長，季

節也在快速變換。當我們從事困難的事情時，時間似乎停滯不前。當我們玩得開心時，時間過得飛快。那個養育孩子的諺語在這裡特別貼切：日子長，歲月短。

那為什麼時間很重要呢？

由於我們不能將時間商品化，我們對生活的唯一控制形式是我們選擇從事哪些活動以及我們如何看待時間的流逝。雖然乍看，洛雷塔的故事與萊拉的故事之間似乎關聯不大，但綜合起來，她們的故事都證明了時間的本質是完全一樣的。當我們看著我們的孩子成長時，感覺時間以一種完全不受控制的方式違背了我們的意願。然而，作為成年人，我們的時間被我們選擇的活動所佔用。洛雷塔如何「填滿」那段時間主要取決於她。

在本章中，我將分享如何理解生活駭客的奇怪科學，來使生活更有價值和意義：從帕金森定律，「一個人執行一項任務的時間是完成它所需的時間」這句古老的格言；到帕雷托法則，「我們80%的結果通常來自我們20%的工作」。

你不能將時間商品化

你有沒有仔細注意我們在討論時間流逝時使用的措辭？我們談論購買和保存它。我們哀嘆我們如何虛度光陰。我們的言辭帶有交易性，就好像我們可以用一個非常堅實和可控的物件（金錢）代替更短暫和難以控制的東西（時間）。我們很難接受這樣

一個事實,即我們無法將時間**商品化**。我們在自欺欺人,並為自己的錯誤付出代價。

> **商品**,是指可以買賣的原物料或初級農產品,例如銅或咖啡。「商品化」是動詞形式,意思是變成商品。

可是,在這種僵局中,需要做出一些選擇。洛雷塔,作為一個體貼又充滿孝心的女兒,她把情感和身體上的時間都交給了她的母親。如果洛雷塔意識到自己很快就要離開人世,她會做出這樣的選擇嗎?如果是你呢?

重點不是稱讚或批評洛雷塔的選擇,照顧母親是一種高尚的犧牲。但悲劇在於,洛雷塔沒有意識到她一開始就做出了這樣的選擇。懵懂地相信總有一天她會實現自己的需求,這使她對時間的流逝視而不見,也讓她不再主動選擇做哪些活動用來掌控自己的時間。

而我認為,「財務自由,提早退休」踐行者們犯的錯誤與之完全相反。我們常常感到對時間的控制感超過了應有的控制感。

我們喜歡說「時間就是金錢,金錢就是時間」。雖然這種觀點讓我們感覺良好,但我們的行為證實了我們的觀點完全是胡說八道。我們還能如何詮釋為了實現財務自由進行的瘋狂衝刺?我們也許可以買到我們的自由,但我們不能讓時鐘的指標倒轉。那麼,我們能做些什麼來對抗不可避免的時間流逝呢?在我看來,我們應對時間流逝的方法,只剩下前面提到的兩種可能的

選擇：要麼我們可以隨著時間的流逝更好地控制我們選擇參與的活動，要麼我們可以嘗試改變我們對時間流逝的看法。接下來讓我們來探討這兩種選擇。

生活駭客：有效時間邊界

有一種觀點認為，每工作一個小時就會失去一個小時，好像時間以某種方式放錯了地方！然而，事實並非如此。無論你選擇工作還是娛樂，時間都會過去。睡一個小時，時間就消失了。用牙線清潔牙齒一個小時，時間也消失了。在坎昆的海灘上坐一個小時，你懂的。

歸根結底，我們不能交易小時或分鐘，我們只是在經歷它們。

如第2章所述，金錢是一個仲介。我選擇當醫生來累積這個仲介，以便付款給打掃我家或修理我車的人。雖然我可以少工作，花一些時間回家自己做這些任務，但我更喜歡提供診療服務。在這種情況下，我寧願花費（交換）時間用來當醫生。

毫無疑問，洛雷塔利用她的時間完成了重要的事情。她給母親的安慰和照顧是無價的。但洛雷塔也用不符合自己需求和願望的活動填滿了十年的時間。我們之前問過，如果她知道自己會死，她是否會做出同樣的決定，但我認為這個問題過於簡單化了。就算洛雷塔比她的母親活得更久，難道她真的應該花十年時

間把自己的需求和願望放在次要位置嗎？

她能更有效地管理自己的時間嗎？

說到投資，我們這些個人理財圈內人喜歡談論有效邊界。有效邊界是**現代投資組合理論**的一部分，描述了以最小風險提供最大回報的資產配置。這個概念作用很大，可以判斷在規定的風險水準下獲得的最大回報。我們可以使用相同的概念來評估我們的時間，但更確切的是在討論成本，而不是風險。但在討論成本時，我不是指時間成本，時間不能買賣。我討論的是我們在這段期間選擇從事的活動的成本（包括金錢儲備和情感儲備）。

> **現代投資組合理論**，也稱「均值變異數分析」，是用於資產組合的數學框架，以便在給定的風險水準下最大化預期回報。

我們的宏偉目標是感知時間的富足：去感知我們有比我們實際需要的更多的時間。雖然我們都覺得這聽起來很棒，但許多人在日常生活中卻感知不到。我相信我們可以選擇過一種感知時間富足的生活。我們可以在日常生活中創造空間來放慢腳步，享受當下的緊迫感，並沉浸在當下。這一切都始於擁有正確的計畫，然後採取行動。

這裡有一些行動可以幫助我們感知時間的富足。當你閱讀以下小建議時，請仔細想想洛雷塔會做出怎樣不同的選擇。

早起

> 早睡早起，使人健康、富有、明智。──班傑明・富蘭克林
> 早晨的嘴裡含著金子。──班傑明・富蘭克林
> 早起的鳥兒有蟲吃。──諺語

在一個充斥著稀缺的世界裡，我們如何感受到富足？對我來說，我的生理時鐘使我感知富足。我每天早上4點45分起床。無論多麼困難，我就是不能再躺在床上了。

雖然這種早起對某些人來說可能過於嚴格，但它給我的一天提供了充足的動力。我起床、運動、閱讀、處理一些工作。

到了早上7點，我覺得我完成的比大多數人一整天完成的還要多。而此時距離我晚上睡覺至少還有15個小時。

通常，我首先處理最困難的任務。因為這個時候我不僅精力充沛，而且也沒有其他醒來的人分散我的注意力。社交媒體上沒有發生任何事情，我沒有收到任何緊急電話或訊息。而比較容易的任務可以留到後面，留到一天結束前我變得疲憊時。即使是我們中最厲害的人也會在太陽下山時變得有點昏昏沉沉。

優化

時間富足也需要有做減法的特質。我們不僅要集中精力於對我們有價值的事情，還必須擺脫那些消耗時間（即浪費時間）的

活動，我們可以將其用於更愉快或更有用的事業。在任何一天，都有無數浪費時間的人試圖吸走我們的能量。

多年來，我找到了幾種方法來解決這些問題：我取消了工作場所所有無用的會議（當我有權力這樣做時），我試圖減少和取消不必要的電子郵件，我經常要求同事在打電話之前先給我發訊息。

換句話說，我已經盡可能地優化。在過去的十年裡，我一直在慢慢地優化我的環境。我只是不想在沒必要的事情上浪費時間和精力。任何花費數小時清空電子郵件收件箱的人都知道，他們永遠無法收回時間。我的解決方案是消除需求。

工作爆發

工作爆發是透過間歇性爆發的強大專注力來完成困難任務的過程。這種做法將工作限制在精力充沛的短時間內。我通常會全神貫注地工作1個小時，然後間歇休息至少1個小時，用於挑戰性較小的任務。這不僅可以提高注意力和生產力，而且還會在兩者之間創造很長的停機時間。工作爆發將集中生產的時間與探索負擔較小的活動的更廣泛時間相結合。爆發在非傳統時間進行效果最好，也就是沒有人在身邊打擾你時。我喜歡在清晨爆發，有些人則喜歡在深夜爆發。關鍵是要創造一個受保護的時間和空間，並且不會讓你分心。

對那些擁有自己獨立業務和創意的人來說，這是一個特別好

的方法。如果你可以控制何時執行工作,則工作爆發比較適合你。

外包

用來創造富足時間的最強大的生活技巧是學習適當地將工作外包。我和我的妻子一直在使用這種技巧。例如,即使我們的孩子們已經一個14歲,另一個17歲了,但我們仍然每週雇3天保姆。孩子們不再需要她了,但我們需要。我們需要她洗碗、買菜、摺衣服,我們需要她跑無數的差事,並在東西故障時確保她能在家等著維修工。繼續僱她需要一些錢,但你能把錢花在哪些更好的方面?還有什麼比時間更寶貴嗎?

至少就我而言,我寧願花更多的時間在我喜歡的事情上,靠它工作(和賺錢),讓我有額外的錢支付給別人來做我討厭的家務瑣事。我沒有獲得或失去時間,但我以同等的成本用我選擇的任務填滿了它。我正在創建一個更有效的時間邊界。

我常常在想,洛雷塔能否在她的生活中創造同樣的空間。她母親的經濟狀況足夠良好,足以支付額外的護理服務,要是她願意花這筆錢就好了。

透過這些技巧,我們可以創造一種時間富足的感覺。透過早起、優化、工作爆發和外包,我們的排程才能保持靈活,可以工作、從事副業、獨自享受或與家人共度時光。

雖然我們無法阻止歲月的流逝,但我們可以盡最大努力掌控

我們每天的度過方式。每天中有很多小時,每小時有很多分鐘,還有很多很多秒。

至於那些我們不得不做的任務,它們所花的時間呢?它們總是遵循帕金森定律。

帕金森定律

正如英國海軍歷史學家西瑞爾・帕金森(Cyril Parkinson)所指出的那樣,我們經常允許我們害怕的活動擴大並佔用不必要的時間。雖然常識告訴我們,我們應該儘快完成這些任務,然後繼續前進,忙於其他事情,但我們實際的行為方式恰恰相反。正如**帕金森定律**所表達的那樣,「一個人執行一項任務的時間是完成它所需的時間」,有幾個有趣的結論值得注意。

- 為了填補可用的時間,工作變得複雜。
- 如果你等到最後一分鐘,只需一分鐘即可完成。
- 工作收縮以適應我們給它分配的時間。
- 資料擴展以填充可用的存儲空間。

> **帕金森定律**,是指一個人執行一項任務的時間是完成它所需的時間。

雖然這個定律有點違反直覺，但我認為這進一步證明了你不能將時間商品化。帕金森定律指出了這樣一個事實，即活動會膨脹和收縮，但可用的時間是恆定的。

這不正是發生在洛雷塔身上的事情嗎？

我們可以進行一些日常生活的改變，以利用人性的這種弱點。最直接的方法是安排比我們認為執行給定任務所需的更少的時間，或者不設置時間。我們可以使用工作爆發來執行短時間的高能量協同活動，並留足夠的空間休息和停機。

還有一個方法是明確定義「完成」是什麼樣子的。如果我們設置特定的標準來明確任務的結束，我們更有可能知道何時退出。關鍵是要知道什麼時候該停下來，並意識到完美主義可能是「已經足夠好」的敵人。

也有些人認為，如果他們把大項目分解成更小的、「一口大小」的碎片，且明確清晰可識別的目標，他們就不太可能成為帕金森定律的犧牲品。設置目標邊界以確保工作範圍保持在預設的準則範圍內。

最後，我最不喜歡的方法是，為提前完成任務設置激勵或獎勵。在我看來，這種策略已經失寵了，因為正如我們之前所討論的，它依賴於外部獎勵而不是內部動機。

無論你是否選擇使用這些建議中的任何一個，它們都有助於確保活動不會不必要地擴展，劃定嚴格的時間界限。畢竟，你可能熟悉**帕雷托法則**的陷阱。

> **帕雷托法則**，認為我們80%的結果通常來自我們20%的工作。

帕雷托法則

帕雷托法則，俗稱「二八法則」，常見於商業和經濟學領域。維爾弗雷多·帕雷托（Vilfredo Pareto）於1848年出生於義大利，是著名的哲學家和經濟學家。據說有一天，他注意到花園裡20%的豌豆苗產出了80%的健康豌豆莢。順著這個想法進一步擴展，他指出，義大利80%的土地僅由20%的人擁有。因此，他的原則宣稱，大多數給定結果和產出的80%來自20%的起因和投入。

不只金融領域，符合這一原則的例子還有很多，例如：

- 在美國，收入排名前20%的人在2000年和2006年繳納了80%~90%的聯邦所得稅。
- 世界人口中最富有的20%人口創造了世界收入的82.7%。
- 在美國，調查發現20%的患者使用了80%的醫療保健資源。

雖然我們通常注意到這種現象在「自然界」發生，但人們普

遍認為，同樣的原則也適用於我們在日常生活中取得的成果。如果大部分好處僅來自20%的工作，我們也許能夠利用這種情況，以更少的努力維持高產出。

而且，更重要的是，通常80%就足夠了，特別是如果你相信完美和好這兩個概念是對立衝突的。如果我們能用更少的努力創造出足夠好的產品，我們就可以轉向其他活動來度過我們寶貴的時間。關鍵是要意識到哪20%的努力創造了最大的收益，然後堅持下去。

- 我們可以花更少的時間在工作上。
- 我們可以更有效地做家務。
- 我們可以用更少的努力創造幾乎相同的價值。
- 我們可以生活在一個時間富足而不是時間緊張的世界裡。

時間感知

改變你對時間的感知有點棘手，你的選擇可能部分取決於你認同三兄弟中的哪一個。選擇大哥之路前期吃重的好處之一是，這種方法利用了你在生命中不同時期對時間的不同看法。當你年輕的時候，你會覺得整個人生都在前方。時間是無限的，你的晚年時光還在遙遠的未來。在這世上還有很多時間去工作，有很多時間去賺錢。那為什麼不努力工作呢？為什麼不在工作中磨練

呢?多年以後,這個介於你和直接取得金錢的中間交易管道,即工作,將給你帶來金錢上的增長和複利。金錢是潛在的能量,所有帶有交易性質的工作時間都儲存在金錢之中。隨著年齡的增長,你會經歷一種我喜歡稱之為「時間感知套利」的東西。

隨著年齡的增長,你對時間的感知與年輕時大不相同。時間從你身邊飛逝,一轉頭就看不見了。從某種意義上說,這段時間比你年輕的時候(感覺無窮無盡)更寶貴、更有價值。如果你選擇前期吃重,你的仲介(金錢)儲蓄現在可以用來讓你只從事喜歡的活動。你有足夠的潛力來負擔餘生的需求。

時間感知套利創造了一種富足感。當我努力工作時,我可能永遠無法回到萊拉的童年時光。但是,現在財務自由了,我花在她身上的時間比以往任何時候都多。

二哥和三弟透過不同的視角看世界。他們反對這種浪費時間的想法。當然,雖然我們知道這是一個錯誤的概念,但他們認為每一個寶貴的時刻都應該最大化。因此,無論是在職業生涯的開始還是結束時,在不太理想的工作條件下度過時間都是令他們厭惡的。

總之,既然你不能將時間商品化,那就把你參與的活動商品化。大哥選擇前期吃重,利用時間感知套利,感覺自己好像買到了額外的時間。然而,二哥和三弟會做完全相反的事情。他們會在當下找到熱愛的工作或事業,這樣他們就覺得自己沒有浪費任何時間。

這一切都與感知有關。

時間很充裕

如今,許多人認為時間是稀缺的,考慮到我們與一個世紀前相比所享受的技術進步,這一想法是令人震驚的。因為從家庭管道和電力,到洗衣機和烘乾機,我們已經比前幾代人少了很多的體力勞動,從而也少了很多沒必要花費的時間。

美國疾病控制中心在2019年進行的一項研究,分析了美國人使用時間的資料,結果顯示,美國人平均每天有5個小時的空閒時間。[27] 5個小時!圖7-1中按人群和活動細分了資料。

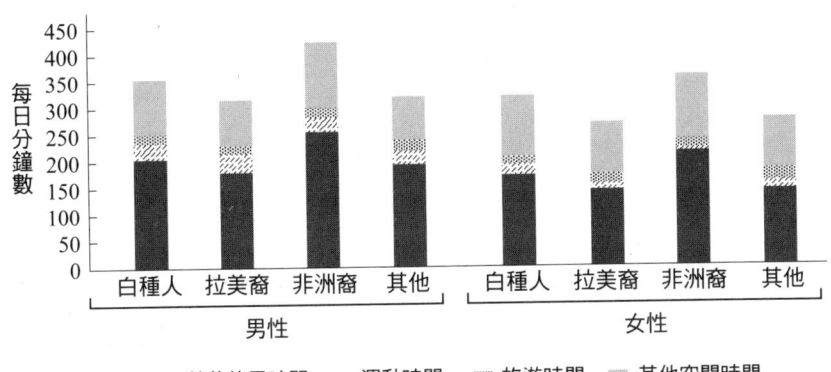

圖7-1 閒置時間及活動

---

[27] R. Sturm and D. A. Cohen, "Free Time and Physical Activity among Americans 15 Years or Older: Cross-Sectional Analysis of the American Time Use Survey," *Preventing Chronic Disease* 16 (2019): 190017, doi: 10.5888/pcd16.190017.

這些資料還消除了一種觀點,即那些收入水準較低,因此可能停留在馬斯洛金字塔的基本需求水準上的人閒置時間較少(見圖7-2)。

然而,2015年的一項蓋洛普世界民意調查發現,當被問及閒置時間時,48%的美國人表示他們沒有足夠的時間做他們想做的事情。[28] 我們的感知和現實似乎不太匹配。從這些資料中可以得出的明確結論是,我們必須改變我們對時間的感知方式。

與其說是一種商品,不如說我們必須看到時間的本質:一個可供我們填滿活動的空間。空間是不可移動和不可改變的,我們完全無法控制它的數量。然而,如何活動完全取決於我們。我們

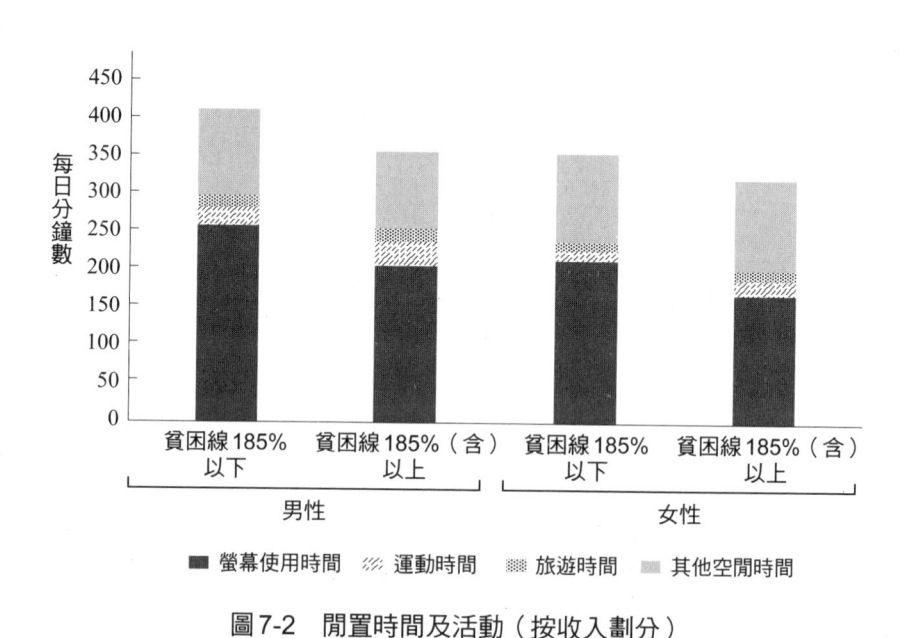

圖7-2 閒置時間及活動(按收入劃分)

選擇完成這些活動的多少，在很大程度上取決於我們的心態和我們討論過的策略，即是用帕雷托法則和帕金森定律提高生產力的策略。

時間壓力

有一個關於花費太多精力擔心時間的警示故事。正如本章提到的研究表明，我們的感知並不總是與現實相符。當我們討論生活駭客，並利用我們大腦的弱點來體驗時間富足時，這可能是積極的。不幸的是，我一生中的大部分時間都在遭受時間稀缺和時間壓力的雙重痛苦。我處理時間的個人經歷一直是我最大的心理健康問題之一。

儘管這些年來我一直試圖改變，但我通常處於時間壓力之下，即使沒有什麼緣由。我會注意房間裡的每一個時鐘，經常抬頭看它們。我花了半輩子的時間匆匆忙忙地完成活動，以確保我在正確的時間、正確的地點參加下一次活動。雖然從表面上看，這是一種很好的品格，但它給我、我的家人和我的同事帶來了不必要的壓力。

為什麼我不能放慢速度？

---

[28] Frank Newport, "Americas' Perceived Time Crunch No Worse than in Past," Gallup, December 31, 2015, https://news.gallup.com/poll/187982/americans-perceived-time-crunch-no-worse-past.aspx.

這是我經常問自己的一個問題。而這種傾向，至少在一定程度上，可以解釋為這種心態帶來的巨大副作用。我是一個效率超高的人，我對時間的意識和管理緊湊時間表的能力，在我的整個職業生涯中絕對是有益的。這些特質有助於工作爆發，並允許我同時管理多個獨立的任務。

我傾向於提前參加會議和任務，而且通常在規定的時間之前完成，這讓我有時可以在一天內完成大多數人工作量的兩倍。我發現24小時內有很多額外的時間。你如何使用這些時間可能是提高工作效率和浪費時間之間的區別。

然而，問題是這些好處是否抵得過上述副作用。我沒有感到富足，而是執著於稀缺。這會導致更大的壓力和焦慮。效率有其優點，但每天都匆匆忙忙的確不好。我每天都早起，還會晚上跑步。聽起來很有趣嗎？有些時候很有趣，而有些時候卻非常累人。

這樣很煩人。不僅對我，也對那些每天必須與我打交道的可憐人。當其他人想要社交和放鬆時，我就像一隻「勁量兔子」（Energizer Bunny）。我從不放慢腳步。

而且，最糟糕的是，我聽到：「爸爸，請你不要再催促我了，好嗎？」

我多希望這不是我孩子的日常抱怨，但我的時間壓力確實會滲透到家庭生活中。我可以看到我妻子臉上的表情，當我準備關門時，她甚至還沒有穿好外套。我的這個小缺點往往不僅僅是一個缺點，它會影響我與我所愛的人的關係。儘管我試圖放慢腳

步,但我發現,相比之下,過於充滿衝勁的工作和生活就像一隻龐大恐怖的獅子折磨著我,而我對此予以回擊的意圖就像一隻小貓咪罷了。

我的故事是提醒我們所有人,改變我們的時間感知可以產生積極和消極的影響。隨著我放慢工作速度,遠離競爭激烈的工作場所,我不得不學習「浪費」時間的藝術。這種學習包括放棄對活動的控制,在開展家庭活動時,讓其他人,比如我的妻子和孩子發號施令。此外,我還使用冥想、運動和古典音樂來幫助我學習如何更加專注於當下。

我不再執著於快速地把一個又一個的任務完成,現在,我為過程而活。

關於時間的思考

我從臨終患者身上學到的兩個教訓很簡單。首先,時間不等人;其次,偶爾我們要做的只是放慢腳步。原因現在應該很直觀,即時間不是一種商品,儘管我們有時會選擇將其視為一種商品,因為我們試圖讓時間與金錢互換。我們談論儲蓄和花費時間。有些人甚至宣稱兩者概念等同,一個就是另一個,即時間就是金錢。

然而,現實要發人深省得多。我們所感知的時間富足或稀缺,實際上是我們在活動之間切換的能力。雖然我們不能將時間

商品化，但我們可以透過選擇對我們最有意義的活動來做計畫，並為它們分配足夠的時間。在許多方面，這類似於我們故意預留資源或金錢，而不是粗心大意地浪費它們。

我們可以使用某些技巧來控制時間感知，例如前期吃重、早起、優化、工作爆發和外包。我們可以理解帕金森定律和帕雷托法則的作用，並在處理手頭的任務時變得更有效率，這樣我們就可以為其他活動騰出空間，我們可能會發現這些活動的時間利用更令人愉快或更有價值。如果我們不小心，我們也可能矯枉過正，導致人為地製造一種時間稀缺和壓力的感覺。

選擇權在你！

》》練習7：感知你的時間

1. 在下週的行程中選擇2~3天，每天騰出1小時。在這段期間，找一個安靜、舒適的地方，確保關閉所有電子設備，讓身體得到充分休息，沒有饑餓感，然後集中你的注意力。

2. 將手錶或手機計時器設置為1分鐘。閉上眼睛，耐心等待，直到時間結束。現在再次將計時器設置為1分鐘，但這次在地板上讓自己做平板支撐，並盡力保持該姿勢到1分鐘。哪1分鐘感覺更長？

3. 想像一下，你剛中了彩券，一次性收到了86,400美元。你有一天的時間，必須花掉每一分錢。你會買什麼？你不會買什麼？一天結束時你會剩下錢嗎？你會因為你有這麼多錢而輕率地花嗎？

4. 現在，要意識到一天有86,400秒。這些資訊是否會改變你對上述練習的看法？

5. 拿一張紙，一分為二。在左側，列出你昨天做的10件事。在右側，寫下你想到的前5件對你非常重要的事情。現在比較這兩側有多少重疊？如果重疊很少，為什麼？這只是不尋常的一天嗎？它代表了大多數日子嗎？

6. 花30分鐘寫下你當前的職位描述。盡可能詳細,只要你覺得需要,唯一的規則是書寫範圍不能超過一個頁面。完成後,對親密的朋友、配偶或同事(你熟悉其工作的人)做同樣的事情。這一次,將書寫時間限制在5分鐘以內。

7. 比較兩種描述。第一種描述比第二種更好嗎?好5倍嗎?你的時間分配是如何改變你完成任務所花費的時間的?額外的時間是否產生了更好的描述品質?

8. 這些練習旨在豐富你對時間的感知,並幫助你瞭解如何填補每分鐘。在下一章中,我們將討論如何使用這種資源來進行好的或壞的(非貨幣)投資。

第 8 章
臨終關懷醫生的投資建議

　　儘管人類在投資方面經常做得很糟糕,但我們在投資自己方面更加失敗。當我回顧我的患者在最後的日子裡與我分享的內容時,它在很大程度上可以總結為這個結論:我們需要更好地分配寶貴的資源以獲得最大的回報。

　　我在這裡談論的是比金錢更重要的東西。我正在討論我們的注意力和目的,即我們選擇用什麼來佔據我們的思想和心靈。在布羅妮·韋爾的經典著作《臨終五大遺憾》中,她分享了她在臨終護理期間最常聽到的遺憾,我發現這與我接觸的臨終患者傳授的經驗是一致的。[29]

　　在本章中,我將從臨終遺憾轉向我的患者最引以為豪的或最悲傷的投資。我還將概述投資和投機在定義上的區別,我將強調

---

[29] Bronnie Ware, *The Top Five Regrets of the Dying: A Life Transformed by the Dearly Departing* (Carlsbad, CA: Hay House, 2012).

我們應該始終不假思索並慷慨投資的關鍵領域，例如教育、家庭和身心健康。

保羅的故事

如果貓有九條命，保羅肯定至少有兩條命。其中一條是他人生的前30年。孤獨而內省的他掙扎於一個秘密，這個秘密對他這個保守的天主教教徒來說太沉重了。所以他封閉了自己的感情，也封閉了自己的性取向。

他的第二次生命始於他31歲生日，當時他向父母坦白了自己的內心。隨之而來的是激烈的爭吵，這完全出乎保羅的意料。他離開了童年的家，搬離了田園詩般的芝加哥郊區，再也沒有回去。

十年後，我站在他的床邊，我的身體擋住了從他房間東面窗戶照射進來的光線。我坐立不安，問我能做些什麼。這是我在臨終安養院當志願者的第一天，我以前從來沒有照顧過愛滋病患者。他的伴侶緩緩點了點頭。他們想見牧師。

作為一個臨終患者，保羅擁有一切：一個關心他、愛他的伴侶，一群定期來看望他的朋友，以及自身善良大方的行為舉止。保羅很少抱怨身體上的疼痛。然而，他無法克服內心的不安，這種不安從他脆弱的手掌中奪走了他想要在平靜中離開人世的夢想。

十月的一天，陽光明媚，接到牧師的電話後，他的家人從郊區趕到市醫院。當他們進入他的房間時，他已經昏迷不醒。

牧師要求他們手牽著手祈禱。那裡站著保羅的親人：他的父親握著保羅伴侶的手，保羅的母親和妹妹站在他的朋友中間。保羅的眼睛短暫地睜開，然後他咽下了最後一口氣。當他向上看時，他的唇角上揚，形成一絲淡淡的微笑。他現在可以離開這個世界了。

改變是為了生者，而不是臨終患者

任何人都可以改變，永遠不會太晚。我在臨終安養院工作的幾年裡，看到過許多最後一刻的和解，就與保羅和他的家人之間的和解一樣。「**機械降神**」或巨大的情節轉折，這不僅僅是一個過度使用的故事情節，它還發生在現實生活中。然而，依靠這種滑稽動作與其說是真正的解決方案，不如說是計畫不周的表現。

> **機械降神**，是指一種情節手段，透過一個意想不到且不太可能發生的事情，突然解決了故事中看似無法解決的問題。

如果保羅與他的家人早些和好，他們不是更快樂、更健康嗎？他們能在一起度過多少時間？保羅的故事既有美好，也有悲劇。

我們需要學習如何改變現在，在為時已晚之前，在我們臨終之前。臨終患者的遺憾很少集中在金錢和事業上，但我們不能忽視它們的助推作用。這是財務自由之路必須消除的一個障礙。但就像扁平化馬斯洛金字塔一樣，我們必須學會如何攀登，而且不是逐步攀登，而是同時攀登。在我們處於保羅的處境之前，我們必須在增加我們的財富和自我實現兩個方面同時努力。

在表8-1中，我重新列出了布羅妮・韋爾的臨終五大遺憾，我們在第3章中討論了這些遺憾。從事多年的臨終關懷工作後，我認為這些與其說是遺憾，不如說是更偏向於投資方面。我的患者最引以為豪的投資是什麼，他們為哪些投資感到懊悔？我們這些年輕又健康的人如何從這些知識中學習？

表8-1　臨終五大遺憾

1. 我希望過忠於自己內心的生活，而不是活在別人的期望裡
2. 我希望花更少的時間在工作上面
3. 我希望勇敢地表達自己的情感
4. 我希望多和朋友保持聯繫
5. 我希望自己活得更快樂

和解的力量

臨終患者常常希望他們在和解的能力方面投入更多。隨著一個患者即將走向死亡，我被傾訴了幾十次。保羅和他家人的故事只是一個例子。人類互相傷害的種子存在於我們的基因中。唯一比我們施加痛苦的能力更有力量的是我們愛和寬恕的能力。這種美好與人類生命本身一樣古老。臨終患者低聲說出他們的智慧，他們努力修復破裂的關係和受傷的感情。他們敦促我們在生命即將結束之前很久就「投資」於修補圍欄。

和解不僅關乎傷害我們的人，也關乎我們一直誤解的人。我們可能不是故意與曾經對我們很重要的人失去聯繫，無論是以前的愛人、朋友還是家人。我們不是渴望一種了結，而是渴望一個新的開始。

為什麼要等到你臨終前才試圖修復已經脫節和破碎的關係？為什麼不現在邁出艱難的一步，在你還擁有時間和健康的時候就著手修復呢？你能想像，與生活中的這些重要人物重新建立聯繫，並還有數年時間探索這段關係會有多美妙嗎？有數年時間去原諒和被原諒有多美妙嗎？還有幾十年重新開始有多美妙嗎？

這真是太美妙了。

失敗的勇氣

　　失敗，或者更準確地說，不夠失敗，是臨終患者的主要遺憾。我很少看到一個人在臨終前抱怨他們盡力了，但沒有成功。我們接受在做出實實在在的努力後的偶然失敗。失敗是我們生活中非常普遍的一部分：作為父母，作為員工，甚至作為人類，我們都會有失敗。

　　埃內斯托在臨終前生動地回憶了經過多年訓練後攀登珠穆朗瑪峰的記憶。他記得風吹在臉上，還有冰涼的空氣。然而，他並沒有浪費太多時間去思考，一場意外的暴風雪早早結束了他的冒險。他沒有接近山頂，這是一個多年來他都耿耿於懷的事實。他感到平靜，知道自己已經盡力了。

　　我們需要有勇氣大膽地投資失敗，不要恐懼或悔恨。在做我們內心真正渴望的事情時，我們必須克服懶惰的慣性。與你真正的目標、身分和社會連結和諧相處並不容易。每個轉彎處總是有路障。

　　埃內斯托從未達到他的最終目標。

　　這種對失敗的恐懼往往會讓我們止步不前，或者更糟糕的是，促使我們把今天能做的事情延遲到明天。隨著明天的過去，我們能鼓起勇氣的可能性越來越小。

　　與臨終患者接觸一會兒，你就會意識到明天的事誰都無法保證。我有多少次聽到同樣充滿遺憾的哀嘆？

- 我希望我有勇氣去做……
- 我希望我有決心去說……
- 如果我有足夠的勇氣嘗試……就好了。

沒有人能告訴你如何完成這些陳述。但我知道,在我們以幾天或幾個月為單位衡量我們在世界上的時間之前,現在就開始問這些問題是值得的。你永遠不會後悔勇敢嘗試後依然欠缺的部分,只會後悔那些你從未為之奮鬥的欠缺之處。

這並不是說所有未完成的計畫都是糟糕的、令人遺憾的。那些保持好奇、不斷探索、積極生活的人,可能會帶著完整的遺願清單呼吸完最後一口氣。即使在最後的日子裡,他們仍然可以參與攀登。

我寫這本書就是向失敗的勇氣致敬。多年來,我幾乎想盡了所有藉口不開始:如果我不成功怎麼辦?如果我栽跟頭了怎麼辦?如果沒有人閱讀怎麼辦?但我做臨終關懷工作的這段經歷,迫使我問自己一個更重要的問題:如果我在嘗試之前就死了怎麼辦?

正如希歐多爾・羅斯福(Theodore Roosevelt)在他1910年著名的演講中所指出的那樣,做「舞臺上的人」或「行動者」比做一旁的批評家更好。㉚

㉚ Theodore Roosevelt, *The Man in the Arena: The Selected Writings of Theodore Roosevelt; A Reader,* ed. Brian M. Thomsen (New York: Forge, 2003).

人類已經成為專業的自我批評者，我們為這種專業付出了高昂的代價。

活在當下

生活過得很快，令人悲傷卻是事實。日子看似漫長，而歲月卻短暫。我們花了很多時間關注自己的長期目標。延遲滿足可以建立一個強大而穩定的未來。然而，過於以目標為中心可能無法學會享受當下。

我們先要全神貫注地在這個世界上活著。我們允許自己的思想不斷轉移，思考擺在我們面前的下一個目標、成就或任務。不幸且出乎意料的是，我們沒有投資於當下的緊迫感或喜悅感。

有多少星期天的晚上被週一早上工作的設想毀了？當你想到馬上要回到工作中的麻煩時，有多少假期在你腦海中過早結束，即使你還有幾天的時間？

臨終患者很少細細回味週一早上或度假回家的飛機旅行。他們珍惜與家人和朋友之間的時刻，當他們站在熱帶海灘上時，感受襲來空氣的涼爽和熾熱陽光的溫暖。

我們被自己的思想和謀劃所禁錮，忘記了如何享受體驗。我們已經忘記了如何活在當下，但解決方案簡單而有效。像埃內斯托一樣，我們必須學會陶醉於攀登，並放棄將目的地作為我們的最終目標。雖然並未成功登頂珠穆朗瑪峰，但埃內斯托在邁出每

一步時都認識到了每一步的美麗。只有他和山，冰涼清新的空氣，以及他邁向未知時小腿肌肉的感覺。

追逐「假神」

臨終患者常常為人類對投資和追逐「假神」的嗜好感到悲傷。我在這裡不是在談論宗教。與那些瀕臨死亡的人接觸，讓我思考了很多我們該選擇神化誰或神化什麼，該崇拜什麼或崇拜誰的問題。在生命的盡頭，圍繞著我們自認為重要，但最終意識到並非如此的那些生活的遺憾，就是「假神」。

在所有這些假神中，金錢和事業位居榜首。我從來沒有，一次也沒有，聽到任何臨終者說他們希望在工作上更加努力，或者在臨終前累積更多的財富。我從來沒有聽到過有人想在辦公室度過更多的工作日晚上和週末。事實上，情況恰恰相反。我經常聽到人們抱怨他們不應該這麼努力。他們後悔沒有花更多的時間與家人在一起，享受經歷，或者享受當下的生活。

物質主義是另一個假神。無論我們積累多少物質財富，在我們身患絕症時，這些身外之物給不了什麼安慰。你的東西不會愛你。

當我看到患者透過物質財富獲得幸福時，這往往更像是一個情感價值觀的問題。我們執著於那些讓我們想起我們所愛的人，或那些讓我們覺得有意義、有成就感的東西。

考慮一下第1章中的族長老康納與第2章中的女詩人安妮之間的區別。康納擁有驚人的財富，而在無菌病房裡死去時卻感到非常孤獨。與此相反，安妮在睡夢中安靜離世，周圍環繞著她的稿件、書籍和詩歌。

你更喜歡哪個？

權力是我們在身體健康時傾向於投資的另一個假神，當死亡即將來臨時，它會迅速消失。這讓我們非常震驚地意識到，無論我們擁有多麼重要的地位，無論我們持有多少頭銜，等我們死了，世界依舊正常運轉。

現在花點時間思考一下自己的渺小。你覺得它令人沮喪還是令人解脫？你的回答將幫助你理解權力在自我價值感中的作用。

最後，我們必須停止投資於極具破壞性的完美假神。前文提到，完美主義是好的敵人。它也可能是理智的敵人。我們花了無數個小時甚至數年時間，對我們生活中實際上比平均水準更好的方面不滿意，包括我們的職業、我們的外表，甚至是我們的智力。

我並不是說自我完善是一件壞事。然而，追求完美以改善我們的生活，其改善程度是有限的。當太追求完美時，為了微不足道的收益提升自己最後幾個百分點，我們會製造大量的精神痛苦和精神匱乏。我們渴望完美，以證明我們持之以恆或全力以赴。

危險在於，我們的關注點越來越狹隘，我們忽視了所愛的人，忽視了其他重要的人生目標。

完美並不值得。

順便說一下，追求完美並不是投機。

投資與投機的區別

無論是剛面對社會的年輕人，還是身患絕症的老人，瞭解投資和投機之間的區別，最終都會對人生各個階段的幸福感產生深遠的影響。在現實世界中，高收入者和新手都誤解了這兩個原則。

雖然幾乎任何企業（經濟或其他）都有投機的空間，但投資應該是我們大部分資源儲存並可以增長的地方。那麼，有哪些決定性特徵可以判斷投資和投機之間的區別呢？

時間與運氣

投資隨著時間的推移而增長。任何投資，如基金、股票、債券、業務、技能、興趣或人際關係，都具有可衡量的價值。並且，該價值預計將在幾年內增加，超過之前的價值額度。價值可以有多種形式，從股息支付到收穫一項新技能。通常涉及努力，如建立業務。但也可能不需要努力，就像持有共同基金一樣。無論哪種方式，時間的流逝和複利都承擔了大部分（如果不是全部）繁重的工作。

投機主要依靠運氣。時間可能是有益的，也可能是無益的。

運氣可能有多種形式。你可以以低於市場的價格購買資產並立即出售以獲取收益。在另一種情況下，你可以以市場價格購買資產，但隨後巧妙地以高價出售。最後，在獲得了產品、學習了技能或建立了人際關係後，市場可能會發生變化，使這些資產更有價值。

投機者天生就是冒險者。

風險管理者與冒險者

投資者是風險管理者。他們透過對沖賭注來降低風險。他們不願意付出金錢、時間或精力，除非他們確信他們的付出能換來一個成功的結果。他們投資於股票、業務、技能和人際關係。他們進行盡職調查，並仔細觀察形勢和投資風向，確保自己的努力是正確的，且不會白費。

與之相對，投機者是冒險者。他們根據直覺、焦點提示或自己操縱局勢的能力做出決定。

這樣的例子比比皆是。

將資金投入標準普爾500指數基金（持有500家美國大公司股票的基金）是一種投資。根據美國經濟的韌性、歷史表現以及指數的可調整性，該價值可能會在很長一段時間內成倍增加。

聽從你姊夫的建議，購買一家沒有盈利歷史的初創公司的股票是投機（而且風險很大），特別是如果你對這個行業一無所知，公司還無法證明自己，也沒有書面的商業計畫。

花時間和精力去瞭解你配偶最好的朋友是一種投資。從長遠來看，這些好處可能會產生複利，你能與你的配偶建立更深層次的連結。

但花時間和精力去結識你配偶在工作中的熟人，而你們每年只在配偶的公司的聖誕派對上見一次，這是投機。這種關係最終也許會得到回報，但實現的可能性不大。

值得注意的是，即使是投機性企業有時也能產生巨額利潤。但它們往往什麼都不生產。差別在於運氣。

你與這些例子中哪一個更相關？你就知道你是冒險者還是風險管理者了。

有效與無效

在大多數情況下，投資者很少試圖利用無效市場。投資者為他們認為會增長的資產支付公平市價，然後他們讓時間為他們工作。

有效市場假說，認為資產價格反映了所有可用的資訊。

一個完美的例子是投資於職業。你可能會參加一門能提供長期工作的課程，例如電腦程式設計。這些工作在未來可能很有前景，但你把所有的雞蛋都放在一個籃子裡，全部投資於最新、最熱門的編碼語言中是不明智的，因為它可能會在短期內消亡或被

取代。

投機者喜歡無效市場。他們想低買高賣，或者高買高賣。他們想參與最新的股市熱潮。一項資產或技能的內在價值或其增長預期，遠不如其使用價值與價格、供與需不匹配的增長速度那麼重要。

總之，投資者是風險管理者，他們利用他們的知識、風險規避策略和時間，從有效市場中獲利。投機者是冒險者，他們祈禱市場效率低下，並希望運氣會如願以償。

這在我們的生活中是如何體現出來的？我們如何利用我們對投資和投機的瞭解，來幫助我們今天做得更好？我們應該投資什麼？以下是我作為臨終關懷醫生獲得的經驗。

臨終關懷醫生的投資建議

我曾經有一個患者在殯儀館工作。我們進行了許多哲學層面的對話，沒過多久我就意識到，從事這樣一個獨特行業的人確實獲得了深刻的見解。正如我經常喜歡說的那樣，當殯儀館工作人員說話時，你應該用心傾聽。雖然我們這些把死亡和臨終作為工作內容的人似乎不太可能成為投資顧問，但由於這位患者和我都花了大量時間接觸死亡，我們對真正值得投資的東西有了獨特的見解。你們可以從我處理死亡和臨終的工作中獲得哪些好的投資技巧？信不信由你，你很快就會得到一些。這些技巧不是透過陪

伴富人度過這段艱難的旅程而學到的，儘管富人有很多東西可以教授。這些技巧不是從那些毫不掩飾成功秘訣的人的個人帳簿中抽走的，這些技巧簡單、直接，是從那些不願踏上旅程，同樣走在這條孤獨小徑的人身上獲取的。

信不信由你，我學到的大部分投資知識都與金錢無關。

投資自己

投資自己有多種形式，其中最主要的是自我寬恕。悔恨在形形色色的人中都很常見，無論是活著的還是瀕臨死亡的，它的影響可以是毀滅性的。具體情況可能有所不同：採取或未採取的行動，挽救或破壞的關係，買賣的物品。人類責備自己的能力是無限的。我們花了很多時間對我們希望做得更好的事情感到難過。

雖然自責的目的是反省和改善未來的結果，但它往往會留下一條通往毀滅的道路。核心似乎是改變我們可以改變的東西，並原諒自己。

失去工作是吉羅德最不後悔的。在被診斷出患有肝硬化（慢性肝病）的幾十年前，他離開工作後引發了一系列事件，最終染上酗酒。他的婚姻破裂了，他很快就與前妻和女兒桑迪疏遠了。雖然後來戒酒和再就業都成功了，但他對身體已經造成了永久的傷害，與桑迪的關係也無法恢復。他在進行人生復盤時，很大一部分時間都花在與社會工作者一起探索他對失去女兒的感受上。不過吉羅德最終平靜下來並原諒自己。他還意識到，如果他早點

給予自己這種自我寬恕，他可能在肝臟受損之前就戒酒了。

你為什麼不肯原諒自己？不原諒自己會造成什麼傷害？

投資自己的另一種常見方式是放慢腳步。通常，我們有大膽的目標，並希望立即實現它們。然而，就像龜兔賽跑的故事一樣，緩慢的增量改進有助於我們贏得比賽。如果我們能夠每月都以1%的速度朝著一個主要目標前進，從長遠來看，我們將獲得驚人的年度回報。這個原則適用於一項技能、一段關係，或者我們努力追求的任何事情。我們絕不能讓我們的**限制性信念**阻礙我們。

> **限制性信念**，是指你對自己、對他人或對世界信以為真的想法，這種想法以某種方式限制了你。

投資自己還需要投資於經驗。經驗隨著時間的推移而產生複利，就像我們的貨幣資產一樣。隨著我們的學習和成長，我們磨練技能，使我們成為更好的員工和個體。問問任何一個晉升成一家公司的首席執行長的人。就像班傑明·富蘭克林的複利投資一樣，職場獲得的成長絕不是線性的，而是呈指數級的。

當我們談論投資自己時，如果我們不投資教育，那就太失策了。

投資教育

毫無疑問，我從昂貴的四年制大學教育中獲益，但現在還有很多不同的教育形式，比如閱讀、討論、參加線上課程、參加讓你的臉色發青並氣哼哼地走出房間的辯論賽。這個世界充滿了大大小小的老師。知識是保護幸福的應急基金，當你的資源耗盡時，知識將幫助你找到工作，為你建造庇護所或在最關鍵的時刻助你做出正確的決定。不要吝嗇自我提升，也不要害怕為此付出代價。

你花在教育上的錢將以知識和技能的形式產生複利。

即使你不想，也要接受別人的邀請，投入這項感覺陌生或不舒服的活動。

獲得知識或發現新熱情的唯一方法是樂於探索。你不僅會接觸令人興奮的機會，而且還會與那些邀請你的人建立更牢固的關係。要時刻準備著。

不要害怕學習新事物。我一直驚訝於普通人對學習基本金融知識的抗拒程度。大多數專家建議，每個月閱讀幾個小時會讓你完全具有理財能力。然而，先入為主的觀念——認為這個領域太難了，就嚇跑了許多人。不要讓它嚇到你。

我看到無數患者去世時床頭櫃上放著一本書，也看到許多患者腦海裡盤旋著未完成的爭論。這並不可悲，也不是無濟於事。

即使是臨終患者，每天早上醒來也會計畫如何度過每一天。確保為獲取新知識留出空間。好奇的人往往如同他們還健康的時

候一樣迎接死亡：快樂而充滿好奇心。

投資他人

衡量一個人（富有或貧窮，快樂或悲傷）的唯一標準是這個人身邊活著的人。我想不出比這更能說明成功的指標了。當我走進一個臨終患者的房間時，看一看他們的周圍，我立即就能知道他們是否在別人身上投資了。一些患者的身邊放滿了照片、信件和卡片，還有朋友圍著他們。

事實上，我通常在到達病房之前就知道誰是成功的投資者。

病房有人進進出出，傳出的喧囂和笑聲在原本陰沉的走廊裡迴蕩。

笑容和淚水與生死悲歡交織。

如果你投資他人，複利將成倍增加，成為一生的愛與幸福。

在你離開很久之後，你的音容笑貌將存在於那些被你投資的人露出的嘴角微笑中。

我花了好幾年才領悟這個技巧。作為一名醫生，我跌跌撞撞地在一個不適合我的群體中尋找我的同類。在我發現個人理財領域的寫作和Podcast之後，我才與理解我的人建立了連結。

這些連結使一切變得不同，他們給了我重新定義我的身分和目標的勇氣。

投資孩子

對於孩子，你不僅要投入你的錢，還要投入你的時間和愛。

幫助他們建立成年和幸福的根基。用你的知識、謙卑和善良滋養他們。用你的美德以身作則，來引領他們。在你身上，他們會找到成功和自由的榜樣。教他們財務知識，這樣他們就可以瞭解金錢在實現人生目標方面能做什麼和不能做什麼。給他們留下一個很好的榜樣，讓他們瞭解生活的樣子。

投資於你的孩子將產生一生的紅利。他們將成為你依靠的肩膀和你廣闊人生夢想的繼承者。你在這個世界上的時間很短，但你的後代會繼承你的星星之火。就像汪洋大海中的漣漪一樣，你的影響將代代相傳。你將活在那些追隨你的人的心中。

每次同事在醫院查房時不小心叫我父親的名字，都證明了我們是如何在孩子身上留下印記的。他的遺產塑造了我的職業生涯和熱情，即使在他去世幾十年後也是如此。他永遠被我們銘記。

我永遠無法報答父母對我的奉獻。而我也會把它交給我的孩子們。我將以與我父母投資於我大致相同的方式投資於他們，因此，我們的善良將代代相傳。

投資身心健康

你的身心是相通的，它們構成了支撐你的框架。沒有身心健康就沒有財務健康。正如本書所展示的那樣，管理你的資金和規

劃未來需要深思熟慮和一絲不苟的決策。如果你的身體不適，則無法正確執行此操作。

花時間和精力來恢復並投資於心理健康。學習透過冥想、運動和聽古典音樂等活動來放慢思維和放鬆身心。不要害怕向家人、朋友或心理健康專家尋求幫助。心理諮詢不僅常見，而且非常有效。專業人士的外部視角可以在平息那些破壞你平靜和鎮靜的內部聲音方面產生巨大作用。

身體健康也起著重要作用。它不僅可以延長壽命，在情感上的好處也是持久的。當我們採取積極的措施來照顧自己時，我們通常會在身體和情感上都變得更強大。但這並不意味著我們要成為馬拉松運動員。正如我之前所說，完美主義和足夠好這兩個概念可能是對立的。

嘗試每天至少進行30分鐘的體育運動。從一些簡單的事情開始，比如散步。找到一項既能滿足你身體需求又不令人厭惡或煩瑣的活動。因為如果你討厭這些活動，這個習慣就不會持久。

儘管我對菸草酒精等真的不感興趣，但我也真的知道，任何超出娛樂消遣用途的東西都會影響我們的健康，影響我們清楚地看到目標的能力。如果你想知道這是不是一個健康問題，那麼它就可能是一個健康問題。這些物質給我們帶來的大多數快感都是人為的和短暫的。

投資市場

如果沒有基礎知識,即使獲得了臨終關懷醫生的一系列投資技巧也是不夠的。畢竟,這是一本個人理財書。所以,不要忘記投資股票市場。

- 賺取的比花費的多。
- 每年盡可能多地儲蓄(20%~50%)。
- 購買受眾廣泛的低成本共同基金。
- 先用盡退休儲蓄,然後開立應稅經紀帳戶。
- 聘請財務顧問只是為了給你提供建議,而不是為你投資。

我希望這本書能給你智慧、策略和實踐指導,妥善處理金錢,這樣你就可以在我討論過的其他事情上投入更多的資金。我不想貶低瞭解財務基礎知識的重要性,但我確實想提醒你,這些知識是必要的,但還不夠。

這些是我作為臨終關懷醫生獲得的投資提示。如你所見,只有最後一部分涉及金錢。當然,財務也是比較容易的部分。你如何投入剩下的時間和精力,可能會決定你在那些與像我這樣的臨終關懷醫生打交道的日子裡的看法。不要浪費你的生命而遺憾終身。

在為時已晚之前立即開始投資!你創造的基礎越牢固,你就越能應對好意外情況。如果你還沒有弄清楚,那上述內容就是投

資的重點。無論我們如何保護自己,都沒有辦法預測未來。我們使用「黑天鵝事件」一詞來形容對我們的生活和財務產生深遠影響的罕見而意想不到的事件。然而,更常見的是**白天鵝事件**。這些事件通常無法確定發生的時間,但我們會經歷其中的一些,而它們可能會檢測我們真實的投資情況。

當我父親去世時,我的家人發現了這一點。

> **白天鵝事件**,是指一種常見但難以確定的事件,對一個人有重大的財務影響。一些例子包括離婚、家屬死亡或疾病。

對人壽保險的複雜心情

我沒有自己支付大學和醫學院的費用,是我母親供我上學的。

實際上,我的成年生活是從零債務開始的。與許多同學不同的是,原因不是我獲得了獎學金,有導師資助,或者創造了一個驚人的駭客程式來打破系統。

我甚至沒有透過自身的努力(儘管畢業後我一直在工作,但也不足以償還這些債務)。這些都沒有,因為是我母親付的錢,每一分錢都是她出的。

但這些錢不是白來的。

我父親在我7歲時去世了。他患有腦動脈瘤,在醫院查房時

暈倒。一生的希望和夢想就此消失,留下我的母親、我和兩個兄弟,在這個世上無依無靠。

我的母親,一個會計師,拿著20萬美元的人壽保險,在20世紀80年代初開始投資。它增長、增長、再增長,在瘋狂的股市中實現複利。

一份人壽保險單供三個孩子上大學,其中兩個讀研究生,一個上醫學院。最後一筆錢在21世紀初以15,000美元支票的形式分發給我們每個人。

具有諷刺意味的是,最近當我需要更新自己的定期人壽保單時,我不禁想起了我的父親。他的遺產驅使我成為一名醫生,而他的保險為我鋪平了道路。

購買了自己的人壽保險幾年後,我財務自由了,可以進行自我保險。我和妻子可以隨時停止工作,我們當然不再需要為我們的生命投保。而我們的孩子需要的不比我們已經擁有的多。

因此,我懷著沉重和自嘲的心情取消了我的保單,這份保單類似於我父親大方地留給我們的保單,但這份保單對我已經毫無用處了。

投資有助於為意外做好準備

我決定講述我父親和人壽保險的故事,是因為這可以提醒我們一個道理:投資有助於為意外做好準備。我們不知道未來會怎樣,除了確定某一天我們會離開人世。這是一個不可改變的事

實。正如我之前所說,我們從出生的那一天起就在走向死亡,但何時、何地、以何種方式仍然是個謎。

臨終患者能傳授給我們重要道理。透過他們的視角,我們能夠看清真正重要的東西。他們根據自己如何投資時間、才華、人際關係、技能、愛情,是的,甚至是金錢,來判斷自己的成功和遺憾。

他們只能在一定程度上預測未來。他們不知道潛伏在拐角處的是歡樂還是悲劇。他們不知道等待他們的是黑天鵝事件還是白天鵝事件。然而,要吸取的教訓再清楚不過了:透過明智的投資做好準備。

我父親有一份保單,當他在40歲意外去世時,保單給了賠付。感謝上帝,他和我母親做好了最壞的打算。他們的貨幣投資沒有足夠的時間經過增長來保護我們,但他們買的保險可以。

我在46歲時取消了人壽保單,當時我的財務投資超過了家庭的需求。如果我不幸地步了父親的後塵,那麼即使沒有人壽保險,我的家人也會得到照顧。

然而,我在本章中提到的非貨幣類型的投資是沒有保單的。

沒有保護計畫,沒有可以挽救這一天的「機械降神」,沒有輕鬆的按鈕可以一鍵到位。

你的投資計畫必須立即開始,因為生命的結束就在眼前。建立有意義、有目標和有連結的生活需要時間和複利。投資自己需要精力,投資教育需要努力。與你的孩子和群體建立關係將帶來一種精神和身體壓力。照顧好你的身心會很費力。瞭解個人理財

和建立財務安全將消耗你可能寧願花在其他事情上的時間。

　　這一切都非常非常值得。為生活做好準備，就像你為死亡做好準備一樣。

　　明智地投資自己。

練習8：制定提升幸福感的投資清單

1. 在下週的行程中選擇2~3天，每天騰出1小時。在這段期間，找一個安靜、舒適的地方，確保關閉所有電子設備，讓身體得到充分休息，沒有饑餓感，然後集中你的注意力。

2. 拿出一張紙，縱向分成3欄，橫向分成10列。

3. 在第一欄上寫下到目前為止你接受的所有教育。你可以從高中、大學或職業教育開始。添加所有研究生課程、線上課程、現場工作培訓或自學專案。在這裡不必謙虛，不是獲得正式的學位或證書才算教育。如果你寫不滿10項也沒關係，尤其是在這一欄。

4. 在第二欄上寫下你的所有技能。這些範圍從專業知識到天賦再到自學成才的能力。不要忘記你透過社交媒體學到的一切。你是內容創作者嗎？愛好呢？再一次給自己鼓勵。人們經常說你擅長什麼？

5. 在最後一欄上寫下重要的人際關係，包括家人、朋友、工作夥伴，甚至熟人。列出對你生活有重大影響的10個人。這是你的社交圈子。

6. 現在一起仔細閱讀這3欄,這是你的非貨幣投資的總和。你創造的是你的非貨幣財富的清單。通常,我們太沉迷於淨資產計算,以至於忘記了我們的非貨幣資產。

7. 如果你將非貨幣財富清單添加到你的淨資產計算中,你現在擁有了所有資源的真實列表。這些是否足以讓你利用大部分時間追求你的真正目標、身分和社會連結?如果是這樣,那麼你就迎來了財務自由!

結語
什麼是「死亡」

　　我記得我女兒小時候第一次使用「死」這個字時的情景。
　　「我死了,人們會踩著我走嗎?」
　　在4歲的時候,她就知道死者是會被埋在地下的。更多的問題緊隨其後。她想,如果有一天她同學的爺爺奶奶沒有來接那個同學放學,那他的爺爺奶奶一定已經去世了。如果有人去度假一個星期,她也會產生同樣的想法,認為那個人已經死了。
　　她的陳述並不複雜,但直率得令人吃驚。她不受成人思想複雜性的束縛,可以不受阻礙地自由探索。她的聲音裡沒有遺憾或尷尬。我和她的對話沒有恐懼和焦慮,而這種恐懼和焦慮常常籠罩著成年人之間的對話。她只是出於好奇。
　　「在你們懷上我之前,我是死了的嗎?」
　　在某些方面,我女兒對死亡的迷戀並沒有隨著年齡的增長而發展。她已經失去了純真,因為她已經超越了表層,開始思考更深層次的意義。

「我們的靈魂會怎樣？」

「愛的痛苦讓我們心碎，它就這樣消失了嗎？」

我告訴她我不知道。我無數次無助地看著生命溜走，但我仍然不知道這些問題的答案。我既與死亡作鬥爭，又謙卑地迎接它的憐憫。我走過它的道路，並試圖在每一個轉彎處轉向。我不再將死亡視為朋友或敵人，而視為一個正在耐心等待的平靜存在。

就像我的女兒一樣，我們都只是孩子。在茫茫的生命海洋中飄搖，我們的想法會轉變，但我們無法控制潮汐轉變的方向。女兒的聲音讓我想起多年前在她安靜房間裡的小床上的對話：「爸爸，死了是什麼感覺？」

我把她拉近，緊緊地抱著她：「我親愛的孩子，我還在思考活著是什麼感覺。」

* * *

我們不太擅長討論「死亡」。儘管我整個職業生涯都在學習如何幫助人們應對死亡到來前的身體症狀和情感負擔，但我還是要說，我不擅長討論死亡。把這句話聽進去吧。就像我們談論金錢的話題一樣，我們避免討論死亡，直到我們不得不真正直面這些話題，直到我們被診斷出患有絕症或被迫陷入經濟困境。我們在沉默中受苦，因為這些話題是禁忌。我們擔心，討論可能會加速它們的到來，不然就會對結果產生不利影響。

恐懼是讓我們把金錢和死亡處理得如此糟糕的驅動因素。然

而，正如我和女兒的討論如此簡明扼要指出的那樣，如果我們想學習如何更好地死去，我們必須學會如何活著。如果我們想學習如何活得更好，我們必須知道金錢在我們的生活中意味著什麼，以及如何定義「足夠」這一類的難題。

臨終患者背負著絕症和有限的時間，而且經常被迫回顧自己的人生，對他們而言，要麼迅速改變，要麼接受已經發生的一切，無論好壞。當事情進展順利，夢想得到滿足，關係得到修復時，我們慶祝「機械降神」。

我寫這本書是為了讓你擺脫戲劇性情節轉折的必然性。如果我們現在能從臨終患者身上吸取教訓，更快地把我們的事務整理好，那會怎樣？馬斯洛可能稱之為「自我實現」。幸福研究人員更喜歡「情緒健康」和「人生評估」。

我期望用我們的人生來追求我們自己獨特的目標、身分和社會連結。這些概念都有相似的意義。

為了在還有時間的時候把我們的事務整理好，我們需要把金錢與幸福分開，把馬斯洛金字塔拉平。我相信，我們可以同時實現金字塔的所有層級。追求財務安全沒必要延遲我們作為個體想做的一些最深刻和最重要的工作。臨終患者可以幫助我們完成這個艱難的過程。他們可以啟發我們，告訴我們如何在為時已晚之前做出改變。

在本書的第一部分，我重點討論了金融專家對生與死的誤解。

我透過老康納和查理的故事說明，我們對「足夠」的概念往

往是扭曲的。我們應該在爭取經濟富足和自我實現方面同時努力。我們還必須認識到「享樂跑步機」和「超速運轉」的危險。通常，當涉及財務問題時，我們的輪子在旋轉，但我們哪兒也去不了。

　　金錢只能在有限的程度上帶來幸福。有無數的研究表明，在達到一定的收入或財富水準後，我們的幸福感不再增加。但這並不意味著我們應該放棄所有承擔財務責任方面的努力，而是將其視為相互關聯的拼圖中的一部分。我們的財務目標不是一個終點，而是一個槓桿，幫助我們努力攀登，朝著有意義的目標持續前進。

　　通常，只有當我們參與臨終安養院類似的人生復盤過程時，我們才會逐漸理解「足夠」的真正含義。但是，我們為什麼要等到臨終前呢？沒有哪一刻比得上當下。

　　人生復盤過程幫助我們看穿金錢築造的海市蜃樓和其他虛假的經濟目標。我們需要徹底改變我們定義「工作」「就業」「退休」等術語的方式。只有在我們擺脫了「財迷心竅」思維，即擺脫了崇拜財富所誘發的恍惚狀態，我們才能識別我們個人獨特的目標、身分和社會連結。

　　有了這些知識，我們就可以熟練運用「做減法的藝術」去平衡「延遲滿足」和「人只活一次」之間的競爭需求。儘管生活為我們提供了改寫故事和擁抱第二次機遇的機會，但如果在生活中不敬畏當下的緊迫性，甚至有時不以為然，那將是一場悲劇。

　　在第二部分，我探討了三兄弟的寓言故事。這個寓言故事是

一種輔助，而不是一個步驟指南。一旦有了什麼對我們來說是「足夠」的強烈意識，我們仍然需要瞭解如何創造經濟燃料來推動我們的旅程。的確，有很多道路，很多通往財務自由的途徑。

無論你覺得與哪個兄弟的經歷最有共鳴，他們的範本都提供了一條前進的道路：前期吃重、被動收入或熱情人生。我們都必須建立自己的永續賺錢機器，這樣我們才能利用我們的時間和精力去追求更重要的事情。

你可以決定你想成為哪個兄弟。隨著時間的推移，你也可以改變主意。這個過程不僅可以幫助你整理自己的財務狀況，還可以幫助你與親人進行關於金錢這個困難話題的溝通。

在本書的最後一部分，我探討了時間的轉瞬即逝。我們不能將時間商品化，但我們可以將我們選擇用來填充時間的活動商品化。我們還可以使用時間感知技巧來充分利用這短暫的一生。因為時間不等人，我們必須成為投資自己的專家，而這遠遠超出我們用錢做的事情，不僅是為了我們在臨終前不會後悔，也是為了讓我們可以享受我們的勞動成果：我們的工作、教育、朋友、孩子和身心健康。

雖然從這本書中提到的故事來看，臨終患者似乎充滿了悔恨和遺憾，但我也有幸見證了許多平靜而鼓舞人心的死亡。這些故事有助於啟發我們解決這些問題，並幫助我們在被診斷出患有絕症之前有意識地主動採取行動。

多年來，羅奈爾德在我的辦公室裡進進出出，彷彿他對這個世界毫不在意。但他是一個大家族的族長，有幾個孩子和幾個孫

子孫女。他是一位成功的企業主,透過他的五金連鎖店創造了足夠的財富以為未來的幾代人提供金錢支援。他是社區中備受尊敬的居民,不僅願意把錢,還願意把時間花在任何最需要幫助的事業上。

因此,那次他的到來讓我非常驚訝,但還是歡迎他進入我的辦公室,那是我們最後一次談話。他瘦了很多,臉色蒼白、憔悴。看著他的樣子,憑我多年來行醫和為老年人與體弱者提供諮詢的經驗,我立刻意識到,他離死亡近在咫尺。

CT掃描和血液檢查顯示轉移性胰腺癌已經擴散到他的腹腔。

當幾代家庭成員哭泣和哀嘆時,面對死亡,羅奈爾德保持著他特有的謙卑和體面。

不需要躺在醫院病床,沒有化療,沒有靜脈注射和手術,也沒有經濟困擾。他會在家裡安靜地死去,被家人和朋友的愛所包圍。

幾週後,他去世了。而在那幾天前,我上門拜訪。他的家人和看護人忙亂地在他的臥室裡走來走去,他靠在躺椅上。

他很平靜。

在虛弱的時刻,我一反常態地注意到他的平靜和安詳。我猶豫著走向前問道:「我見過很多人死去。你怎麼會這麼坦然地面對死亡?」

他緩緩地抬起頭,嘴角緩緩露出一絲笑意。「死亡?死亡是件容易的事。」

確實如此。因為他體會過痛苦、愛、後悔和謙卑。他見到過

我們在攀登過程中都在努力應對的艱難險阻,並建立了一個充滿目標、身分和社會連結的生活。羅奈爾德已經認識到並得到了「足夠」。

願你在人生中能找到像羅奈爾德在面對死亡時一樣的平靜。

我希望本書在你質疑金錢和財富在你生活中扮演的角色時能陪在你身邊。多年來,我從照顧絕症患者中吸取了無數的教訓。雖然一本書的內容太多了,但我把那些最觸動我的東西放在一起,為我的生命增添了難以形容的價值。

選擇權在你。無論你是已經實現了財務穩定,還是正在努力賺錢以維持收支平衡。我的希望是,我在照顧臨終患者時學到的生活經驗和我從財務自由中學到的金錢知識,都可以在今天、在當下幫助你,而不是在明天,不是在未來的某個時候,更不是在你躺在病床上等待死亡的時候。

本書的寫作有一個特別之處。我不僅擁有足夠的財富來選擇哪些活動可以佔用我的時間,還有幸享有在人們臨終時瞭解他們人生的絕對特權。我熱切希望將我收集到的知識傳授給你。

我希望是今天而不是20年後才告訴你這些秘密,趁你還年輕健康的時候,立即改變。在為時已晚之前。

我不止一次說過,我們正在不斷走向最終的死亡。我們從出生的那一天起就在走向死亡,這是一個無法否認或改變的事實。

但是,讓我留給你最後一個同樣無法辯駁的事實:我們會一直活到死去的那一天。

所以,好好生活吧!

致謝

幾乎所有之前寫過書的熟人都提醒我,寫一本書是非常具有挑戰性的。經歷嘔心瀝血和吞聲忍淚之後,有很多值得我衷心感謝的人,因為他們提供了時間、努力和指導。

感謝格蘭特‧薩巴蒂埃,你從一開始就選擇支持這本書。你花了很多時間討論、閱讀和重讀我的手稿,把我的寫作水準提升到今天的位置。如果沒有你的幫助,我永遠不會踏上這段旅程,也不會完成它。非常感激!愛你!

感謝喬‧索爾—塞希,你是一位偉大的創意夥伴和朋友。你經常把我推到舒適地帶,作品總是比開始時更好。你孜孜不倦的精力和創造力激勵著我。

感謝吉姆‧柯林斯,你是一位了不起的朋友,並在Zoom上與我交流想法。我們的談話對我來說意味著世界,就像你對個人理財世界的不可思議的貢獻一樣。

感謝薇琪‧魯賓,你每天都在激勵我。你的序言讓我為寫這本書感到非常自豪。感謝你不僅關心個人理財世界,也關心人類。

感謝我的出版經紀人安娜・蓋勒。謝謝你鼓動我，支持我，為我辯護，在我無法做到的時候發出理性的聲音。你總是讓我感到被完全支持和照顧。這遠超過我對代理商的期望。

感謝才華橫溢的莎拉・雷諾內，你將我對書的想法整理成一個連貫的書籍提綱和敘事。你把我的草稿當成一個長期部落格，並幫助我瞭解如何將它們打造成這本書。沒有你，我甚至永遠無法開始。

感謝克雷爾・西拉夫和尤利西斯出版社（Ulysses Press）的整個團隊，你們引導了我這位首次寫作的作者，並為我展示了如何與出版社合作。我總是覺得這個團隊既輕鬆又有吸引力。你們徵求了我的意見，在必要時給出了寶貴的回饋。

感謝所有啟發和教導我的個人理財部落客、Podcast和內容創作者。我很自豪地稱你們中的許多人為我的朋友：吉莉安・約翰斯魯德、意外實現「財務自由，提早退休」的戴夫、查德・米特納、克里斯・馬穆拉、布拉德・巴雷特、喬納森・門多薩、寶拉・潘特、阿爾瑪・盧格圖、威廉・麥克維、克里・謝瓦利埃、比爾・揚特、艾爾曼・米朵拉、格溫・默茨、艾倫・多尼根、西蒙・潘恩、克利斯蒂・沈、布萊斯・梁、皮特・阿德尼、科迪・伯曼、道格・諾德曼、卡斯滕・傑斯克、吉姆・王、安迪・希爾、查德「教練」卡森、M. K. 威廉姆斯、詹妮弗・馬、戴安娜・梅里亞姆、特拉維斯・莎士比亞、J.D. 羅斯、史蒂芬・鮑吉爾、大衛・鮑吉爾、「財務自由，提早退休」小組的萊夫・達琳醫生、塔尼婭・海斯特、保羅・湯普森、珍・史密斯、「How To

Money」網站的喬爾・拉斯加德和馬特・阿爾特米克斯、卡爾和明迪・詹森、基爾斯滕和朱利安・桑德斯，感謝你們所有人的幫助。

感謝我一生的朋友特洛伊・福斯特、賈斯帕爾・辛格和史蒂芬楊。謝謝你們這些年來對我的包容。

感謝我的親生父母和繼父的不懈支持、教養之恩。我的大部分好習慣都是在我什麼都不知道之前很久就學會了，這都要歸功於我在兒時受到你們的耳濡目染。

感謝凱蒂、卡梅隆和萊拉。你們是我的心肝和精神支柱，我的白天和黑夜，我每天早上醒來的理由。而這本書分散了我對你們的注意力，謝謝你們的耐心。

關於本書的重要說明

　　本書的作者和出版社不向讀者提供法律、財務、醫療或其他專業服務。本書內容不能代替具有專業知識認證／許可的專業人員的建議。身體健康、財務、商業、教育以及心理健康等方面相關事宜請諮詢專業顧問。

　　作者和出版社對任何使用本書資訊和遵循本書建議的讀者所採取的治療、行動、應用或製劑而造成的損失或負面後果不承擔責任。

　　作者和出版社不對任何身體、心理、情感、財務或商業等方面的損害負責，包括但不限於對本書讀者的特定損害、附帶損害、間接損害或其他損害。

　　每一章的內容僅代表作者的個人觀點和想法，與出版社無關。

　　作者或出版社對本書中包含的任何內容均不做任何明示或暗示的保證或擔保。

　　作者和出版社不對出版後發生的網址和其他聯繫資訊的更改承擔任何責任。此外，出版社對作者或協力廠商網站及其內容沒有任何控制權，也不承擔任何責任。

人生最後一堂理財課：關於金錢、工作和幸福人生的實用建議/喬丹・格魯米特(Jordan Grumet)作；萬靈芝譯. -- 初版. -- 臺北市：春天出版國際文化股份有限公司，2025.05
面　；　公分. --（Better　；　47）
譯自：Taking Stock : A Hospice Doctor's Advice on Financial Independence, Building Wealth, and Living a Regret-Free Life
ISBN 978-626-7637-67-8(平裝)
1.CST:　個人理財　2.CST:　生涯規劃　3.CST:　人生哲學
563　　　　　　　　　　　　　　　　　　114003196

人生最後一堂理財課
Taking Stock:
A Hospice Doctor's Advice on Financial Independence, Building Wealth, and Living a Regret-Free Life

Better 47

編　　著 ◎喬丹・格魯米特		總 經 銷 ◎楨德圖書事業有限公司
譯　　者 ◎萬靈芝		地　　址 ◎新北市新店區中興路2段196號8樓
總 編 輯 ◎莊宜勳		電　　話 ◎02-8919-3186
主　　編 ◎鍾靈		傳　　真 ◎02-8914-5524
出 版 者 ◎春天出版國際文化股份有限公司		香港總代理 ◎一代匯集
地　　址 ◎台北市大安區忠孝東路4段303號4樓之1		地　　址 ◎九龍旺角塘尾道64號 龍駒企業大廈10 B&D室
電　　話 ◎02-7733-4070		電　　話 ◎852-2783-8102
傳　　真 ◎02-7733-4069		傳　　真 ◎852-2396-0050
E — m a i l ◎frank.spring@msa.hinet.net		
網　　址 ◎http://www.bookspring.com.tw		
部 落 格 ◎http://blog.pixnet.net/bookspring		
郵政帳號 ◎19705538		
戶　　名 ◎春天出版國際文化股份有限公司		
出版日期 ◎二○二五年五月初版		
二○二五年八月初版三刷		
定　　價 ◎350元		

版權所有・翻印必究
本書如有缺頁破損，敬請寄回更換，謝謝。
ISBN 978-626-7637-67-8
Printed in Taiwan

Copyright © 2022 by Jordan Grumet
Published by arrangement with Write View, through The Grayhawk Agency